Lengua y Literatura

aprueba tus exámenes

Autoras:

M.ª Teresa Bouza Álvarez

Alicia Romeu Rodríguez

3º ESO

Oxford
EDUCACIÓN

Cómo se usa... el cuaderno *Aprueba tus exámenes*

El cuaderno *Aprueba tus exámenes* para 3.° de ESO permite trabajar de forma sencilla, sistemática y amena los **contenidos fundamentales** del curso. Estos aparecen agrupados en tres grandes bloques:

- **Bloque I: Comunicación.** Las tres unidades de este bloque trabajan contenidos relacionados con las estructuras textuales narrativas, descriptivas y dialogadas, y sus distintas manifestaciones (textos periodísticos, literarios y técnicos).
- **Bloque II: Lengua.** El segundo bloque consta de nueve unidades en las que se aborda el estudio de la realidad plurilingüe de España, así como el análisis de las categorías gramaticales y las funciones sintácticas de la oración simple y compuesta. El bloque se cierra con una unidad dedicada al léxico del español.
- **Bloque III: Literatura.** De las cinco unidades que componen este último bloque, la primera está dedicada al estudio de los recursos expresivos y formales del lenguaje literario, y las cuatro restantes, a la evolución de los géneros literarios en España desde la Edad Media hasta el siglo XVIII.

Desarrollo de las unidades

El cuaderno está compuesto, pues, por un total de **diecisiete unidades** que, en general, responden a una estructura similar.

Los temas que se abordan en cada unidad se presentan organizados en apartados.

Todos los apartados comienzan con un **recuadro informativo** que recoge sintéticamente las ideas fundamentales.

A continuación se proponen **actividades** en orden de complejidad creciente, que te ayudan a fijar los conceptos básicos y analizar, relacionar y sintetizar los contenidos tratados en la unidad.

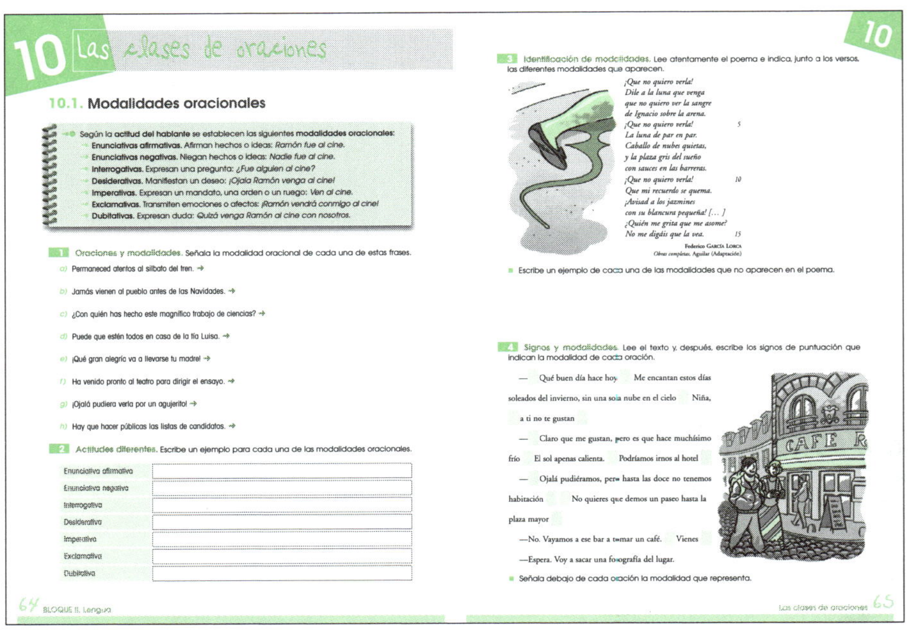

10 Las clases de oraciones

10.1. Modalidades oracionales

Según la **actitud del hablante** se establecen las siguientes **modalidades oracionales**:
- **Enunciativas afirmativas.** Afirman hechos o ideas: *Ramón fue al cine.*
- **Enunciativas negativas.** Niegan hechos o ideas: *Nadie fue al cine.*
- **Interrogativas.** Expresan una pregunta: *¿Fue alguien al cine?*
- **Desiderativas.** Manifiestan un deseo: *¡Ojala Ramón venga al cine!*
- **Imperativas.** Expresan un mandato, una orden o un ruego: *Ven al cine.*
- **Exclamativas.** Transmiten emociones o afectos: *¡Ramón vendrá conmigo al cine!*
- **Dubitativas.** Expresan duda: *Quizá venga Ramón al cine con nosotros.*

1 Oraciones y modalidades. Señala la modalidad oracional de cada una de estas frases.

a) Permaneced atentos al silbato del tren. →
b) Jamás vienen al pueblo antes de las Navidades. →
c) ¿Con quién has hecho este magnífico trabajo de ciencias? →
d) Puede que estén todos en casa de la tía Luisa. →
e) ¡Qué gran alegría va a llevarse tu madre! →
f) Ha venido pronto al teatro para dirigir el ensayo. →
g) ¡Ojalá pudiera verla por un agujerito! →
h) Hay que hacer públicas las listas de candidatos. →

2 Actitudes diferentes. Escribe un ejemplo para cada una de las modalidades oracionales.

Enunciativa afirmativa	
Enunciativa negativa	
Interrogativa	
Desiderativa	
Imperativa	
Exclamativa	
Dubitativa	

64 BLOQUE II. Lengua

3 Identificación de modalidades. Lee atentamente el poema e indica, junto a los versos, las diferentes modalidades que aparecen.

¡Que no quiero verla!
Dile a la luna que venga
que no quiero ver la sangre
de Ignacio sobre la arena.
¡Que no quiero verla!
La luna de par en par.
Caballo de nubes quietas,
y la plaza gris del sueño
con sauces en las barreras.
¡Que no quiero verla!
Que mi recuerdo se quema.
¡Avisad a los jazmines
con su blancura pequeña! [...]
¿Quién me grita que me asome?
No me digáis que la vea.

Federico García Lorca
Obras completas, Aguilar (Adaptación)

- Escribe un ejemplo de cada una de las modalidades que no aparecen en el poema.

4 Signos y modalidades. Lee el texto y, después, escribe los signos de puntuación que indican la modalidad de cada oración.

— Qué buen día hace hoy Me encantan estos días soleados del invierno, sin una sola nube en el cielo Niña, a ti no te gustan

— Claro que me gustan, pero es que hace muchísimo frío El sol apenas calienta. Podríamos irnos al hotel

— Ojalá pudiéramos, pero hasta las doce no tenemos habitación No quieres que demos un paseo hasta la plaza mayor

—No. Vayamos a ese bar a tomar un café. Vienes

—Espera. Voy a sacar una fotografía del lugar.

- Señala debajo de cada oración la modalidad que representa.

Las clases de oraciones 65

Para facilitarte la resolución de los ejercicios, en muchas ocasiones se ofrecen **ejemplos resueltos**, que puedes imitar.

Páginas de evaluación

Para comprobar tus progresos a medida que vas completando el cuaderno, hemos preparado numerosas **páginas de evaluación** que te permitirán detectar cada poco tiempo qué contenidos has asimilado y cuáles debes repasar.

Prueba de evaluación

La mayoría de las unidades finalizan con una **doble página de evaluación** titulada Prueba de evaluación, en la que, a partir de un texto, se plantean diversas actividades que te permitirán verificar si realmente has adquirido los **contenidos de la unidad.** Si respondes correctamente, puedes considerar que la unidad es una... ¡PRUEBA SUPERADA!

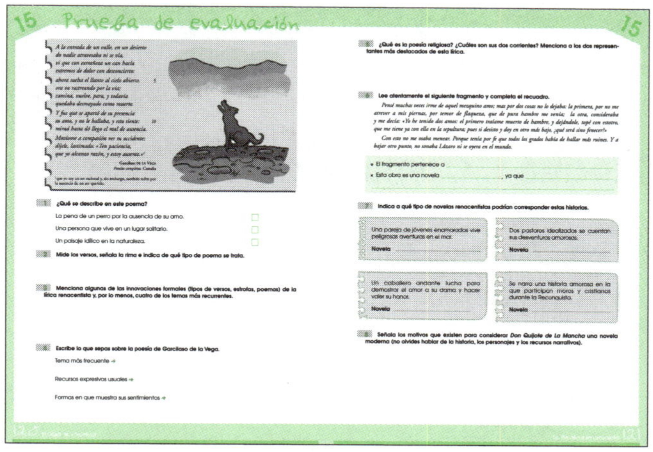

Evaluación de bloque

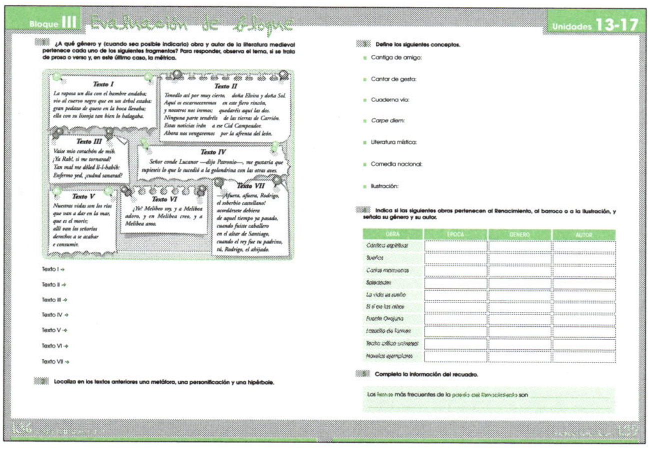

Al final de cada bloque (Comunicación, Lengua y Literatura) te proponemos **tres páginas de evaluación** tituladas Evaluación de bloque. Estas pruebas constan de un texto inicial y una serie de actividades que te permitirán comprobar si has adquirido los **contenidos básicos del bloque.**

Si el resultado es satisfactorio, habrás dado ¡UN GRAN PASO ADELANTE!; en caso contrario, podrás detectar aquellos aspectos que debes repasar.

Evaluación final

Has llegado al final del cuaderno y es la hora de enfrentarte a la prueba definitiva: las **cuatro páginas de evaluación** tituladas Evaluación final. Como en los casos anteriores, incluyen un texto y una serie de actividades sobre los **contenidos básicos de todo el curso.**

Es tu oportunidad de demostrar lo que has aprendido, y si cometes algún fallo en las respuestas, todavía dispones de tiempo para repasar. ¡MUCHA SUERTE!

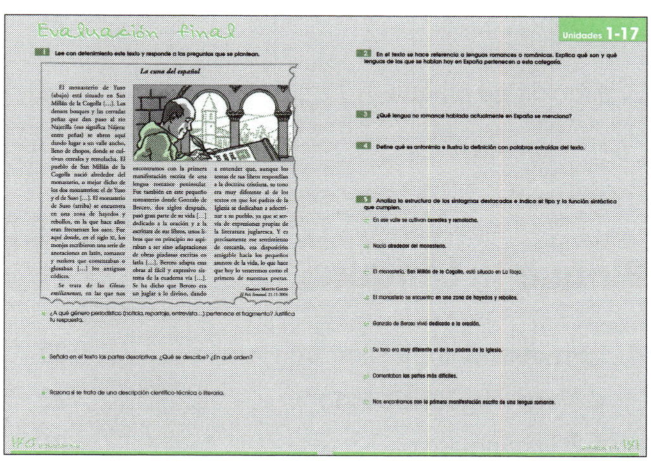

Índice de contenidos

Bloque I. Comunicación — 7

1. Las estructuras narrativas — 8
- 1.1. La narración — 8
- 1.2. La narración literaria — 9
- 1.3. Géneros periodísticos narrativos: la noticia — 10
- 1.4. Géneros periodísticos narrativos: el reportaje — 11
- Prueba de evaluación — 12

2. Las estructuras descriptivas — 14
- 2.1. La descripción — 14
- 2.2. El orden de la descripción — 15
- 2.3. La descripción científico-técnica — 16
- 2.4. La descripción literaria — 17
- Prueba de evaluación — 18

3. Las estructuras dialogadas — 20
- 3.1. El diálogo — 20
- 3.2. El diálogo teatral — 21
- 3.3. Estilos directo e indirecto — 22
- 3.4. Géneros periodísticos dialogados: la entrevista — 23
- Prueba de evaluación — 24

Evaluación de bloque — 26

Bloque II. Lengua — 29

4. La realidad lingüística de España — 30
- 4.1. Las lenguas de España — 30
- 4.2. El bilingüismo — 31

5. La oración y sus constituyentes — 32
- 5.1. Constituyentes de la oración — 32
- 5.2. Oraciones impersonales — 33
- 5.3. Estructura del sintagma nominal — 34
- 5.4. Funciones del sintagma nominal — 35
- 5.5. El sintagma verbal. El verbo — 36
- 5.6. Las perífrasis verbales — 37
- 5.7. Voz activa y voz pasiva — 38
- 5.8. Oraciones de pasiva refleja — 39
- Prueba de evaluación — 40

6. Los complementos del predicado (I) — 42
- 6.1. El complemento directo — 42
- 6.2. Oraciones transitivas e intransitivas — 44
- 6.3. El complemento indirecto — 45
- Prueba de evaluación — 46

7. Los complementos del predicado (II) — 48
- 7.1. El complemento agente — 48
- 7.2. El complemento de régimen — 49
- Prueba de evaluación — 50

8. Los complementos del predicado (III) — 52
- 8.1. El sintagma adjetival — 52
- 8.2. El atributo — 53
- 8.3. El complemento predicativo — 54
- 8.4. Oraciones atributivas y predicativas — 55
- Prueba de evaluación — 56

9. Los complementos del predicado (IV) — 58
- 9.1. El sintagma adverbial — 58
- 9.2. Estructura y funciones del sintagma adverbial — 59
- 9.3. El complemento circunstancial — 60
- Prueba de evaluación — 62

10. Las clases de oraciones 64
10.1. Modalidades oracionales 64
10.2. Clases de oraciones según la estructura sintáctica 66
Prueba de evaluación 70

11. La oración compuesta 72
11.1. Oración compuesta y proposición 72
11.2. La coordinación 73
11.3. La subordinación 75
11.4. Proposiciones subordinadas adjetivas 76
11.5. Proposiciones subordinadas sustantivas 78
11.6. Proposiciones subordinadas adverbiales 80
Prueba de evaluación 82

12. El léxico 84
12.1. Estructura de las palabras. Familias léxicas 84
12.2. El campo semántico 85
12.3. Sinónimos 86
12.4. Antónimos 87
12.5. La polisemia 88
12.6. El cambio semántico 89
Prueba de evaluación 90

Evaluación de bloque 92

Bloque III. Literatura 95

13. El lenguaje literario 96
13.1. La medida de los versos y la rima 96
13.2. La estrofa 97
13.3. Recursos expresivos (I) 98
13.4. Recursos expresivos (II) 99
Prueba de evaluación 100

14. La literatura medieval 102
14.1. Características generales 102
14.2. La lírica medieval 103
14.3. La épica y el mester de juglaría 104
14.4. El Romancero viejo 105
14.5. El mester de clerecía 106
14.6. La prosa medieval 107
14.7. La lírica del siglo XV: Jorge Manrique 108
14.8. La Celestina 109
Prueba de evaluación 110

15. La literatura renacentista 112
15.1. Características generales 112
15.2. La lírica renacentista 113
15.3. Garcilaso de la Vega 114
15.4. Poesía ascética y mística 115
15.5. La prosa renacentista 116
15.6. El *Lazarillo de Tormes* 117
15.7. Cervantes y el *Quijote* 118
Prueba de evaluación 120

16. La literatura barroca 122
16.1. Características generales 122
16.2. La lírica barroca 123
16.3. Góngora y Quevedo 124
16.4. La prosa barroca 125
16.5. El teatro barroco: Lope de Vega 126
16.6. Calderón de la Barca 127
Prueba de evaluación 128

17. La literatura del siglo XVIII 130
17.1. Características generales 130
17.2. La prosa del siglo XVIII 131
17.3. La poesía del siglo XVIII 132
17.4. El teatro del siglo XVIII 133
Prueba de evaluación 134

Evaluación de bloque 136

Evaluación final 140

Bloque I

Comunicación

1. **Las estructuras narrativas**
   1.1. La narración
   1.2. La narración literaria
   1.3. Géneros periodísticos narrativos: la noticia
   1.4. Géneros periodísticos narrativos: el reportaje
2. **Las estructuras descriptivas**
   2.1. La descripción
   2.2. El orden de la descripción
   2.3. La descripción científico-técnica
   2.4. La descripción literaria
3. **Las estructuras dialogadas**
   3.1. El diálogo
   3.2. El diálogo teatral
   3.3. Estilos directo e indirecto
   3.4. Géneros periodísticos dialogados: la entrevista

1 Las estructuras narrativas

1.1. La narración

- Una **narración** es un texto en el que un **narrador cuenta** una **historia real** o **imaginada.**
- El **narrador** puede ser **omnisciente** (narra desde **fuera del relato** y emplea la **tercera persona**), **protagonista (participa activamente** en la acción y relata en **primera persona**) o **testigo** (interviene en los hechos, pero solo como un **mero observador**).
- En la **estructura** de la narración se distinguen **tres partes:**
  - **Planteamiento.** En esta parte se presentan los **personajes,** el **tiempo** y el **lugar.**
  - **Nudo.** Corresponde al **desarrollo** de los hechos.
  - **Desenlace.** Se trata del **final** de la historia. Puede ser **cerrado,** si se resuelven todos los conflictos planteados, o **abierto,** si se deja a la imaginación del receptor.

Aquella noche, un hombre de poca talla, un hombrecito que salió del bosque, se acercó al castillo hasta que comprendió que un centinela podría descubrirlo a la luz de la luna. [...] El hombrecito, que llevaba una rama recta, larga y fina, de la que ha-bían arrancado las hojas, comenzó a recorrer el perímetro del castillo siguiendo el profundo foso que le servía de protección. Se detuvo en un punto determinado, observando una parte de la muralla situada al otro lado del foso donde crecía hiedra. [...]

Aprovechando unos momentos de oscuridad casi total, se alejó del foso. Y cuando estuvo a una buena distancia aferró la rama larga y delgada con toda la fuerza de sus manitas y echó a correr hacia él. A dos palmos del borde, clavó el extremo delantero de la rama en tierra, y la velocidad que llevaba lo propulsó al otro lado. Soltó la rama y, con el sorprendente control que demostraba tener de su cuerpo en movimiento, se aferró a la hiedra. Pero la que agarró estaba seca, medio muerta... El hombrecillo rebotó contra la muralla y cayó hacia el foso con más ruido de cascabeles que nunca. ¡Sin duda se ahogaría! Pero al caer hizo una extrañísima voltereta doble, y esta vez agarró hiedra viva y fuerte.

Víctor MORA
El secreto de la dama enjaulada, Planeta & Oxford

1 **El narrador.** Indica el tipo de narrador y la persona en que está narrada esta historia.

2 **Estructura.** Señala las partes del texto e indica las líneas que ocupa cada una.

Planteamiento

Nudo

Desenlace

1.2. La narración literaria

- En una **narración literaria,** los personajes y los hechos no son **verdad ni mentira,** sino que pertenecen al **mundo de ficción** creado por el autor.
- Las narraciones literarias pueden aparecer tanto en **prosa** (novelas, cuentos...) como en **verso** (romances, poemas épicos...).
- Aunque los hechos suceden en un **orden determinado,** el autor puede ordenarlos en su texto de diferente manera:
  - **Orden lineal.** Los hechos se cuentan **cronológicamente:** primero el planteamiento, luego el nudo y finalmente el desenlace.
  - **En mitad del nudo.** El relato comienza por el **nudo de la acción,** vuelve al inicio para recordar lo sucedido hasta entonces y continúa desde ese punto hasta el desenlace.
  - ***Flash-back.*** El narrador se sitúa en el **presente** y narra los hechos desde el **desenlace.**

El águila y el león

El águila y el león
gran conferencia tuvieron
para arreglar entre sí
ciertos puntos de gobierno.
Dio el águila muchas quejas
del murciélago, diciendo:
—¿Hasta cuándo ese avechucho
nos ha de traer revueltos?
Con mis pájaros se mezcla,
dándose por uno de ellos;
y alega varias razones,
sobre todo la del vuelo.
Mas, si se le antoja dice:
«Hocico, y no pico, tengo.
¿Como ave queréis tratarme?
Pues cuadrúpedo me vuelvo.»
Con mis vasallos murmura
de los brutos de tu imperio;
y cuando con estos vive,
murmura también de aquellos.
—Está bien —dijo el león—.
Yo te juro que en mis reinos
no entre más. —Pues en los míos
—respondió el águila—, menos.
Desde entonces solitario
salir de noche le vemos;
pues ni alados ni patudos
quieren ya tal compañero.

Tomás de Iriarte
Fábulas literarias, www.cervantesvirtual.com

3 Mundo de ficción. ¿Por qué este texto es una narración literaria? Responde atendiendo a los hechos, los personajes y la forma.

4 El orden de la narración. ¿En qué orden se narran los hechos de esta fábula?

En orden cronológico. ☐ Desde la mitad del nudo. ☐ En *flash-back.* ☐

5 Transformación de textos. Convierte este poema narrativo en un texto en prosa.

Cierta vez, el águila y el león...

1.3. Géneros periodísticos narrativos: la noticia

- La **noticia** es un **texto periodístico narrativo** con el que se informa sobre **sucesos reales**, de **actualidad** y de **interés general.**
- La **información** contenida en una noticia responde a las preguntas **¿qué?, ¿quién?, ¿cuándo?, ¿dónde?, ¿por qué?, ¿cómo?**
- Las noticias se estructuran en **titular, entrada** o **entradilla** y **cuerpo de la noticia.**
- En numerosas ocasiones, el **cuerpo de la noticia** se **amplía** incorporando **información** que no responde exclusivamente a las preguntas anteriores.

Un eclipse total de Luna empezará a las dos de la madrugada

La Luna será oscurecida totalmente por la Tierra (y dejará de verse en el cielo) a partir de las 2.00 a.m. en un eclipse que será visible en toda España y que no se repetirá hasta el 3 de marzo de 2007. El fenómeno empezará a esa hora con un leve oscurecimiento que a las 3.14 (hora peninsular) se convertirá en el primer contacto con la sombra. La fase de totalidad durará desde las 4.23 horas a las 5.45 y el fenómeno terminará a las 6.54 horas, informa el Instituto de Astrofísica de Canarias.

En los eclipses de Luna, la Tierra se sitúa entre la Luna y el Sol, y su sombra oculta el disco lunar. El del día 28 será un eclipse visible desde la península ibérica, el oeste de Europa, el oeste de África y la mayor parte del continente americano.

El País, 27 de octubre de 2004

Ropa «inteligente»

El Instituto de Tecnología de Massachusetts (MIT) ha desarrollado unos parches de tela de quita y pon que incorporan microprocesadores, memoria y transmisores. Servirán, según sus diseñadores, para llevarlos en la ropa, bolso o zapatos y disponer de todo tipo de datos (temperatura, contaminación, mapas...).

El País, 27 de octubre de 2004

6 **Las preguntas de la noticia.** ¿A qué preguntas propias de una noticia se responde en cada uno de los textos anteriores? Explícalas con tus propias palabras.

Noticia 1

Noticia 2

- ¿Alguna de las preguntas no ha sido respondida al elaborar estas noticias? ¿Cuál o cuáles?

7 **Más información.** ¿Cuál de las dos es una noticia ampliada? Razona tu respuesta.

1.4. Géneros periodísticos narrativos: el reportaje

- El **reportaje** es un **texto periodístico narrativo** que desarrolla en **profundidad** un tema.
- Algunos reportajes parten de **hechos actuales** recogidos en noticias y los **amplían** con **información, opiniones** y **reflexiones.** Otros abordan temas que **no son de actualidad,** pero que mantienen la **atención de los lectores.**
- La **estructura** de los reportajes presenta **cuatro partes:** el **titular,** el **párrafo inicial** o **entrada,** el **cuerpo** y el **párrafo final** o **de salida.**

Hallada una especie humana de un metro de altura que vivió hace 18 000 años en Indonesia

El nuevo homínido, junto al que se han encontrado herramientas, existió a la vez que el hombre moderno

MALEN RUIZ DE ELVIRA, **Madrid.** Un nuevo y sorprendente «primo» se ha añadido a la familia a la que pertenece el *Homo sapiens,* el único homínido viviente. Es el «hombre de Flores», un pariente que solo medía 1 m y tenía un cerebro pequeño, como el de un chimpancé. Vivía en la isla de Flores hace solo 18 000 años, lo que indica que coexistió, en el tiempo al menos, con el hombre moderno, [...] y ya tiene nombre científico, *Homo floresiensis* [...].

Los restos indican algo muy importante, explican los paleontólogos australianos e indonesios, autores del estudio de este pigmeo arcaico: que la diversidad humana es mayor de lo que se creía. [...]

«Parece una broma», aseguró ayer el paleontólogo español Juan Luis Arsuaga. «La primera reacción es de estupor, sobre todo por lo reciente que es. Nosotros [el *Homo sapiens*] llevábamos ya miles de años haciendo pinturas muy evolucionadas en Europa cuando vivió este «enano», y nuestra especie llegó a Australia hace 40 000 años». Además, a este experto le extraña muchísimo que un ser tan pequeño y poco evolucionado fuera capaz de tallar herramientas y cazar elefantes, como proponen los investigadores australianos e indonesios.

El País, 28 de octubre de 2004

8 El tema. ¿Cuál es el hecho que da pie a este reportaje? ¿Crees que es de actualidad?

9 Estructura del reportaje. Completa el siguiente cuadro.

	Desde *Hallada una especie* ______ hasta ______	Cuerpo	Desde ______ hasta ______
Entrada	Desde ______ hasta ______		Desde ______ hasta *australianos e indonesios.*

1 Prueba de evaluación

1 **Lee con atención el texto y contesta las cuestiones que se plantean:**

A las nueve de la mañana, mientras desayunábamos en la terraza del Habana Riviera, un tremendo golpe de mar a pleno sol levantó en vilo varios automóviles que pasaban por la avenida del malecón, o que estaban estacionados en la acera, y uno quedó incrustado en un flanco del hotel. Fue como una explosión de dinamita que sembró el pánico en los veinte pisos del edificio y convirtió en polvo el vitral del vestíbulo. Los numerosos turistas que se encontraban en la sala de espera fueron lanzados por los aires junto con los muebles, y algunos quedaron heridos por la granizada de vidrio. Tuvo que ser un maretazo colosal, pues entre la muralla del malecón y el hotel hay una amplia avenida de ida y vuelta, así que la ola saltó por encima de ella y todavía le quedó bastante fuerza para desmigajar el vitral.

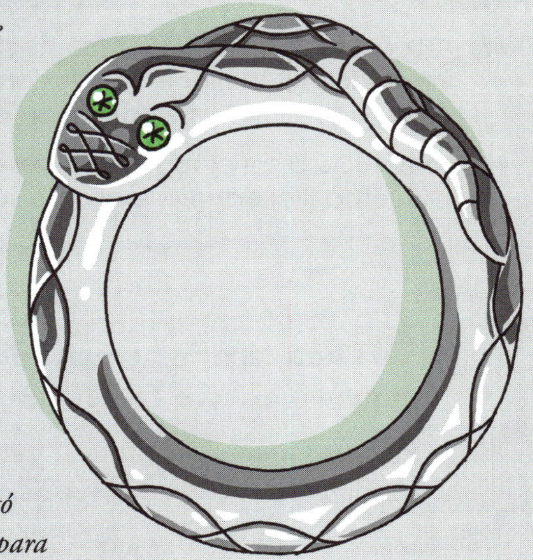

Los alegres voluntarios cubanos, con la ayuda de los bomberos, recogieron los destrozos en menos de seis horas, clausuraron la puerta del mar y habilitaron otra, y todo volvió a estar en orden.

Por la mañana no se había ocupado nadie del automóvil incrustado en el muro, pues se pensaba que era uno de los estacionados en la acera. Pero cuando la grúa lo sacó de la tronera descubrieron el ca-dáver de una mujer amarrada en el asiento del conductor con el cinturón de seguridad. El golpe fue tan brutal que no le quedó un hueso entero. Tenía el rostro desbaratado, los botines descosidos y la ropa en piltrafas, y un anillo de oro en forma de serpiente con ojos de esmeraldas. [...] Su nombre no me dijo nada cuando leí la noticia en los periódicos, pero en cambio quedé intrigado por el anillo en forma de serpiente y ojos de esmeraldas. No pude averiguar, sin embargo, en qué dedo lo usaba.

Gabriel GARCÍA MÁRQUEZ
«Me alquilo para soñar», en *Doce cuentos peregrinos*, Plaza & Janés

- Menciona los principales sucesos que se narran en el fragmento.

- ¿En qué momento del día transcurren?

- ¿De qué se entera el narrador por la prensa?

2 **En este fragmento, el narrador emplea dos personas gramaticales distintas. Di cuáles son y subraya cada caso en el texto valiéndote de colores diferentes.**

3 **¿De qué tipo de narrador se trata? Marca la opción que creas correcta.**

Omnisciente. ☐ Testigo. ☐ Protagonista. ☐

4 **Define las tres partes en que se estructura una narración.**

Plantamiento

Nudo

Desenlace

- ¿En qué crees que va a consistir el nudo de esta historia de García Márquez?

5 **¿En qué orden se presentan los hechos del texto de la página anterior?**

6 **¿Por qué es esta una narración literaria y no una periodística? Razona tu respuesta.**

7 **Señala qué afirmaciones son verdaderas (V) y cuáles son falsas (F).**

Las narraciones solo pueden ser escritas en prosa. ☐

La técnica narrativa consistente en contar los hechos desde el desenlace se denomina *flash-back*. ☐

En una narración literaria, los personajes y los hechos son reales. ☐

En un desenlace cerrado se resuelve el conflicto. ☐

8 **Menciona semejanzas y diferencias entre una noticia y un reportaje.**

9 **A partir de los datos del texto, redacta una noticia que responda a las preguntas propias de este género periodístico. Preséntala con la estructura adecuada.**

2 Las estructuras descriptivas

2.1. La descripción

- La **descripción** es un **tipo de texto** en el que se dice **cómo es algo** o **alguien.**
- La **descripción de personas** puede presentar solo los **rasgos físicos,** solo los **psíquicos** o una **combinación de ambos;** en este último caso, se denomina **retrato.**
- En la **descripción de objetos, plantas, lugares** o **animales** se detallan el tamaño, la forma, las partes, las funciones, etcétera.
- En la **descripción de procesos** se presentan las **fases generales** de un **hecho.**
- Las descripciones son **objetivas** cuando no presentan **apreciaciones personales** del emisor, y **subjetivas** cuando sí aparecen **valoraciones** y **apreciaciones.**

1 **Textos descriptivos.** Lee los siguientes fragmentos y señala qué se describe (persona, objeto, proceso…), si se trata de una descripción subjetiva u objetiva y cómo lo has averiguado.

I. *La tienda era pequeña, no mucho más allá de quince metros cuadrados, es decir, tan grande como una habitación de matrimonio de las de los pisos de antaño. En aquellos quince metros cuadrados que se abrían al pie de la calle, Juan había metido un congelador bastante grande donde almacenaba verduras, pescados y platos precocinados; un mostrador con quesos, embutidos y yogures, y suspendida sobre el cristal, una balanza.*

Gemma Lienas

En el **Texto I** se describe ________________

____

Es una **descripción** ________________

Lo sé porque ________________

____

II. *Un bello niño de junco,*
anchos hombros, fino talle,
piel de nocturna manzana,
boca triste y ojos grandes,
nervio de plata caliente
ronda la desierta calle. […]
En la ribera del mar
no hay palma que se le iguale,
ni emperador coronado
ni lucero caminante.

Federico García Lorca

En el **Texto II** se describe ________________

Es una **descripción** ________________

Lo sé porque ________________

III. *Las rocas sedimentarias se forman de la siguiente manera: la lluvia, el viento y el hielo constantemente disgregan pequeños fragmentos de roca de las superficies descubiertas. La lluvia lleva estos fragmentos de roca a los arroyos. Allí se golpean y chocan unos con otros. Esto los reduce a arena, fango y pequeñas piedras. Finalmente, llegan al mar. […]*

Las rocas, Juventud

En el **Texto III** se describe ________________

____

Es una **descripción** ________________

Lo sé porque ________________

____

2.2. El orden de la descripción

- Para **realizar una descripción,** se **seleccionan** los **datos** que se van a incluir y se presentan siguiendo un **orden:**
  - **Orden físico.** Se apoya en lo descrito: de arriba a abajo, de derecha a izquierda...
  - **Orden lógico.** Se basa en la percepción del emisor: de lo general a lo particular, o viceversa, de lo primario a lo secundario...
  - **Orden temporal.** Se centra en el desarrollo: *en primer lugar, después...*

2 **Análisis de descripciones.** Lee los textos y contesta las cuestiones que se plantean.

Texto I

Tenía Villa Casilda un jardín pequeño y descuidado, en el que destacaba la presencia de un níspero de tronco recio y copa frondosa que, pese a su aspecto vigoroso, solía dar unos frutos amargos y resecos, casi incomibles. Junto al níspero estaban un columpio oxidado y unos sacos de cemento. [...] Todo eso estaba en la parte del jardín que daba a una calle estrecha con casas como la nuestra. El otro lado era el que daba al paseo, que ya por entonces empezaba a llenarse de edificios de apartamentos, con sus altas grúas y sus banderas de España ondeando en las azoteas. [...] Al interior de la casa se accedía a través de una puerta demasiado grande en proporción al resto, con una escalinata y dos columnas neoclásicas más bien pretenciosas.

Ignacio Martínez de Pisón
El tiempo de las mujeres, Anagrama

Texto II

El mar Mediterráneo abarca 4 000 km de este a oeste y separa Europa y África. En su extremo occidental se junta con el océano Atlántico por el estrecho de Gibraltar. En el este, el canal de Suez, abierto en 1869, da paso al océano Índico. Al noreste, el mar de Mármara lo conecta con el mar Negro. Hay 28 naciones a orillas del Mediterráneo y en sus costas e islas viven más de 100 millones de personas.

Atlas mundial, El País-Aguilar

- ¿Qué se describe?

Texto I

Texto II

- ¿Qué elementos se han seleccionado para realizar la descripción?

Texto I

Texto II

- Indica en qué orden se presentan los datos.

Texto I

Texto II

- ¿Se trata de una descripción objetiva o subjetiva? Justifica tu respuesta.

Texto I

Texto II

2.3. La descripción científico-técnica

- La **descripción científico-técnica** presenta los **rasgos esenciales** de un objeto, un ser o un elemento que lo caracterizan como perteneciente a una **clase.** No se trata, por tanto, de una descripción particular, sino **general.**
- Las **descripciones científico-técnicas** son **descripciones objetivas.**
- Este tipo de descripciones es propio de las **disciplinas científicas** y **técnicas.**
- Suelen incluir **tecnicismos** *(bulbos),* **adjetivos especificativos** *(raíces aéreas),* **verbos en presente** *(crecen...)* o **frases sin verbo.**

3 Análisis de una descripción científica. Lee con atención el fragmento y responde las cuestiones que se plantean.

- ¿Qué clase de seres se describe en el texto?
- Señala a qué rasgo se refiere cada párrafo.

Párrafo 1 →

Párrafo 2 →

Párrafo 3 →

Párrafo 4 →

Párrafo 5 →

Las orquídeas

Las orquídeas son el grupo de plantas más joven y numeroso del reino vegetal, con más de 35 000 especies conocidas y muchas aún por descubrir.

Se encuentran extendidas por todo el mundo, desde el Ártico hasta el desierto y desde el nivel del mar hasta los 4 000 m de altura.

Crecen a partir de bulbos y pseudobulbos en la tierra, o como epifitas (sobre árboles o rocas), obteniendo nutrientes y agua gracias a sus raíces aéreas.

Lo que caracteriza a este grupo tan grande es la compleja simetría estrellada de sus flores.

El período de floración es muy extenso y variado. Las flores pueden durar desde un día hasta varios meses, y son capaces de producir millones de semillas.

Manual práctico de jardinería, El País-Aguilar

4 Recursos lingüísticos de la descripción científica. Completa a partir del texto.

- En el texto aparecen los siguientes **adjetivos especificativos:** ____________________
____
- Se observa también la presencia de estos **tecnicismos:** ____________________
____
- Los **verbos** aparecen en tiempo ____________; por ejemplo, ____________

5 Con tus palabras. Explica por qué el texto anterior es una descripción científico-técnica.

2.4. La descripción literaria

- La **descripción literaria** se caracteriza por presentar una **visión subjetiva** de lo descrito.
- El emisor **selecciona los elementos** y **elige un orden** para presentarlos.
- Para mostrar su **impresión personal**, el autor emplea **adjetivos** y **adverbios valorativos** *(saludo cortés, graciosamente curvado)*, **complementos del nombre** *(aro de plata)* y **recursos expresivos** (comparaciones, personificaciones, metáforas...).
- Las **descripciones literarias** son propias de los **textos literarios**, pero pueden aparecer también en **textos periodísticos, ensayísticos**, etcétera.

6 Análisis de una descripción literaria. Lee atentamente el fragmento y contesta las cuestiones que se plantean.

Escuchó unos pasos a su espalda y se volvió despacio, con un saludo cortés a flor de labios. Adela de Otero distaba de ser como la había imaginado.

—Buenas tardes, señor Astarloa. Le agradezco mucho que haya acudido a la cita de una desconocida.

Había un agradable tono, suavemente ronco, en su voz, modulado por un casi imperceptible acento extranjero, imposible de identificar. El maestro de esgrima se inclinó sobre la mano que se le ofrecía y la rozó con los labios. Era fina, con el meñique graciosamente curvado hacia el interior; la piel tenía un agradable tono moreno y fresco. Llevaba las uñas demasiado cortas, casi como las de un hombre, sin barniz ni pintura alguna. El único adorno en ellas era un anillo, un delgado aro de plata.

Levantó el rostro y miró los ojos. Eran grandes, de color violeta con pequeñas irisaciones doradas que parecían aumentar de tamaño cuando recibían directamente la luz. El cabello era negro, abundante, recogido sobre la nuca con un pasador de nácar en forma de cabeza de águila. Para tratarse de una mujer, su estatura era elevada.

Arturo PÉREZ-REVERTE
El maestro de esgrima, Alfaguara

- ¿Qué se describe en este pasaje?
- Enumera los elementos que ha selecionado el autor para la descripción.
- ¿En qué orden los ha presentado?

7 Descripción literaria de personajes. Tacha la opción incorrecta y completa.

Esta descripción **es** / **no es** un retrato porque ______________________
____

8 Recursos para la descripción. Completa la siguiente tabla a partir del texto.

Adjetivos valorativos	
Adverbios valorativos	

2 Prueba de evaluación

1 **Lee el siguiente fragmento y completa las frases que figuran a continuación.**

Islandia, absolutamente privada de terreno sedimentario, se compone únicamente de toba volcánica, es decir, de una aglomeración de piedras y rocas de textura porosa. Antes de la existencia de los volcanes estaba formada por un macizo levantado lentamente sobre las olas por el empuje de las fuerzas centrales. Los fuegos interiores aún no habían hecho erupción.

Pero más tarde se abrió una ancha hendidura diagonal del suroeste al noroeste de la isla, por la cual se vertió poco a poco toda la masa traquítica. El fenómeno se llevaba a cabo, entonces, sin violencia; la abertura era enorme y las materias fundidas, lanzadas desde las entrañas de la tierra, se extendieron poco a poco en anchas capas o en masas onduladas. En esta época aparecieron los feldespatos, las sienitas y los pórfidos.

Pero, gracias a esta abertura, el espesor de la isla aumentó considerablemente y, como consecuencia, también su resistencia. Puede concebirse cuál sería la cantidad de fluidos elásticos que se almacenaron en su seno, cuando no volvió a ofrecer ninguna abertura después del enfriamiento de su corteza traquítica.

Julio VERNE
Viaje al centro de la tierra, Planeta & Oxford

- El texto anterior es una descripción porque ______________________________

  ____
- En concreto, se describe ______________________________
- La descripción sigue un orden ______________. Lo sé porque aparecen las siguientes expresiones: ______________________________

2 **Extrae del texto los tecnicismos y los adjetivos y cópialos donde se indica.**

Tecnicismos

Adjetivos

- Observa los adjetivos que has encontrado; ¿son, en su mayoría, valorativos o especificativos? Razona tu respuesta.

3 **Tacha las opciones incorrectas y completa las afirmaciones del recuadro.**

- El fragmento de Julio Verne es una descripción **objetiva** / **subjetiva,** dado que ______________________________

  ____
- Se trata de la descripción de un **objeto** / un **lugar** / una **persona** / un **animal** / un **proceso,** pues en el texto se describe ______________________________

4 **Explica razonadamente por qué el texto de Julio Verne que has leído puede considerarse una descripción científico-técnica.**

5 **¿Qué debe incluir una descripción de personas para ser considerada un retrato? Marca con una X la respuesta correcta.**

Los rasgos físicos. ☐ Los rasgos psíquicos. ☐ Los rasgos físicos y psíquicos. ☐

6 **Indica a qué tipo de orden corresponden las siguientes posibilidades.**

La descripción se basa en la percepción del emisor. → Orden

La descripción se centra en el desarrollo. → Orden

La descripción se apoya en lo descrito. → Orden

7 **Comenta las diferencias que hay entre una descripción científico-técnica y una literaria.**

8 **Completa las siguientes afirmaciones.**

- La presencia de __________, __________, __________ __________ y __________ es propia de las **descripciones literarias.**
- La presencia de __________, __________, __________ __________ y __________ es propia de las **descripciones científico-técnicas.**

9 **Transforma en una descripción subjetiva el siguiente texto.**

Dejé la Pobla de Roda a mis espaldas. Recuerdo vagamente que eran cuatro casas de piedra junto al río y que parecían vacías.

Manuel VALLS y Norberto DELISIO
Caminar sobre hielo, Planeta & Oxford

3 Las estructuras dialogadas

3.1. El diálogo

- El **diálogo** es el tipo textual en el que dos o más **interlocutores** se **alternan** en el **uso de la palabra** para **intercambiar información, expresar sentimientos,** etcétera.
- La forma más habitual de **diálogo oral** es la **conversación.**
- El **diálogo** puede aparecer en **textos dramáticos, narrativos, líricos, periodísticos...**
- En el **diálogo narrativo,** el narrador cede la palabra a los personajes **directamente** *(—Toma, es para ti.)* o utilizando **verbos introductorios** *(dijo, afirmaron...).*

1 **Narración con diálogo.** Lee el texto y responde las cuestiones que se plantean.

En la biblioteca se quedaron boquiabiertos al contemplar tantos libros juntos.

—Ahora veréis los caballos del Partenón —anunció Tinco, al tiempo que abría un armario y buscaba un libro.

—¿Tienen santos estos libros? —preguntó Saturnina—. Yo creía que eran todo letras.

—Son dibujos de jóvenes que conducen caballos encabritados y que adornaban la entrada del Partenón —explicó Tinco, preocupado porque no hallaba el libro que buscaba—. Y también hay centauros...

—¿Qué...? —se extrañó Viana.

—Monstruos, mitad hombres y mitad caballos.

—El centauro. De cintura para abajo es un caballo. De cintura para arriba es un hombre.

—¿Un hombre? ¿Con medio cuerpo de caballo? ¿Y para qué sirve?

Tinco la miró y se echó a reír.

—¡Qué pregunta! Los centauros enseñaban a los jóvenes música y a cabalgar.

Emili Teixidor
Corazón de roble, Planeta & Oxford

- ¿Quiénes son los interlocutores?
- ¿Sobre qué hablan?
- ¿Cuál de ellos es el experto en el tema?

2 **Diálogo narrativo.** Este fragmento corresponde a un diálogo narrativo. Indica qué frases «pronuncia» el narrador.

- ¿Utiliza el narrador verbos introductorios? En caso afirmativo, señala cuáles.

3.2. El diálogo teatral

- El **diálogo** es el **tipo textual propio** del **género dramático.**
- En el **diálogo teatral no hay narrador;** toda la información **se presenta** ante los espectadores por medio de las **palabras de los personajes:** cómo son, qué sienten y qué piensan estos, cuál es el conflicto de la obra, qué sucede...
- Además del **diálogo,** son textos propios del teatro el **monólogo** (el personaje se dirige a sí mismo o al público) y el **aparte** (el personaje se dirige al público en presencia de otros personajes que, convencionalmente, no «escuchan» su intervención).

3 **Análisis de dialogos teatrales.** Lee el siguiente texto y contesta las preguntas.

ARMANDO.—*¡Andrés, hombre!*

ANDRÉS.—*¡Armando!*

ARMANDO.—*¡Cómo me alegra verte, hombre! [...]*

ANDRÉS.—*Yo también figúrate...* (Y mira fastidiado cómo se llevan su maleta y su sombrero.)

ARMANDO.—*Pues figúrate yo... ¿Pero qué estás mirando, hombre?... ¿Qué estás mirando?*

ANDRÉS.—*No, nada. Que se llevan mi maleta.*

ARMANDO.—*¡Pues claro! La están metiendo en tu habitación. Ya la habrás visto, ¿verdad? Estupenda habitación, ¿eh? ¡Estupenda!*

ANDRÉS.— *Sí, pero...*

ARMANDO.—*¡Oye!, estás más delgado, ¿verdad?*

ANDRÉS.—*¿Más delgado?*

ARMANDO.—*Sí, sí...*

ANDRÉS.—*Pues no... Como siempre...*

ARMANDO.—*Pues yo te encuentro mucho más delgado. Y, además, tienes mala cara.*

ANDRÉS.—*¿Ah, sí?*

ARMANDO.—*Malísima.*

ANDRÉS.—*A lo mejor, es del viaje.*

ARMANDO.—*A propósito del viaje, no me habrás visto en la estación, ¿verdad?*

ANDRÉS.—*¡Ah! ¿Pero es que has ido?*

ARMANDO.—*¡No! Por eso digo que no me habrás visto en la estación. Porque no he podido ir. Pero es que tú no sabes lo que es París. Que no hay dónde aparcar, ¿sabes? Que tienes un coche y como si no lo tuvieses. ¡Qué ciudad, chico, qué ciudad! ¿Pero cómo se te ha ocurrido venir aquí, hombre?*

Miguel MIHURA
Ninette y un señor de Murcia, Taurus

- ¿Qué personajes intervienen en el diálogo? ¿Hay algún narrador?

- Di en qué ciudad y en qué lugar transcurre el diálogo.

- ¿Qué información sobre los personajes se puede extraer del diálogo? Observa qué se dice sobre sus sentimientos, sus rasgos físicos y su forma de ser.

4 **Respuesta argumentada.** Completa la información del recuadro.

Este es un **diálogo** ______________ porque ______________________________

3.3. Estilos directo e indirecto

- Las **palabras** y **pensamientos** de los personajes pueden presentarse de **dos formas:**
  - **Estilo directo.** Se reproducen **de forma exacta** las **palabras** y los **pensamientos** de los **personajes** *(Ana preguntó: —¿Llegarás tarde?).*
  - **Estilo indirecto.** El **narrador reproduce** con sus **propias palabras** lo que el personaje ha dicho o pensado *(Ana le preguntó si llegaría tarde).*
- Para transformar una frase del **estilo directo al estilo indirecto,** o viceversa, hay que realizar **cambios** en la **persona,** en las **formas verbales,** en la **construcción sintáctica...** *(—Yo me voy mañana —dijo. → Él / Ella dijo que se iría mañana.).*

5 **Diálogo y estilos.** Lee el texto y responde las preguntas que se plantean.

Se hizo subir un desayuno del que solo comió unos bocados, y llamó para que trajesen una segunda cafetera. Luego telefoneó a Alice [...].

—¿Eres tú? ¿Todo bien en casa?

—Todo bien.

—¿No ha habido llamadas?

—No. Esta mañana Babe se ha quemado un dedo al tocar la sartén, pero no ha sido nada. Ni siquiera ha llorado. ¿Has visto a tu madre?

—Sí.

No sabía qué decirle, le preguntó qué tiempo hacía, si ya habían llevado las nuevas cortinas del comedor.

—¿Te encuentras bien? —se inquietó su mujer.

—Claro que sí.

George SIMENON
Los hermanos Rico, El País

- Delimita con dos barras (//) de un color la parte narrativa y con dos barras de otro color, la parte dialogada.
- Localiza en el fragmento los ejemplos de estilo directo que aparecen. Explica por qué los consideras tales.
- Señala, ahora, las frases en estilo indirecto que hay. ¿Qué te ha permitido descubrirlas?

6 **Cambios de estilo.** Transforma al estilo directo las frases del texto anterior que aparecen en estilo indirecto.

- Elige ahora dos de las frases que estén en estilo directo y cámbialas al estilo indirecto.

3.4. Géneros periodísticos dialogados: la entrevista

- La **entrevista** es un **texto periodístico** en el que se presentan las **ideas** y **opiniones** de una **persona** por medio de un **diálogo** entre esta y un entrevistador.
- Hay dos tipos de entrevistas, según la finalidad:
  - **Entrevista perfil.** Busca presentar al público el retrato de un personaje.
  - **Entrevista objetiva.** Informa sobre un tema por medio de las **opiniones de un experto.**
- La entrevista se estructura, por lo común, en tres partes: el **título**, la **presentación** del entrevistado y el **diálogo.**

7 **La entrevistada.** Lee esta entrevista y responde las preguntas que se formulan.

«Internet no ha cambiado la historia»

Rosalind Williams, historiadora de la tecnología y decana de MIT (Massachusetts Institute of Tecnology), responsable del programa de Ciencia, Tecnología y Sociedad de este instituto. Esta historiadora es la cara más humanista de la Universidad de Boston.

—¿Por qué el MIT nos parece siempre la avanzadilla mundial de la tecnología?

—Aunque trabajamos en todas las ramas de la ingeniería, damos prioridad a aquellas que tienen un mayor potencial de investigación, las que están en los límites del conocimiento. [...] Nos gustan los asuntos en los que hay grandes problemas tecnológicos por resolver. [...]

—¿Qué diferencia hay entre un ingeniero de hace cincuenta años y uno de la era de la información?

—En la época de mis abuelos se esperaba que un ingeniero trabajara en el mundo real diseñando máquinas, cadenas industriales, puentes y caminos. Ahora trabajaría en el mundo inmaterial, el del *software,* que no tiene entidad física, sino que es un código, un lenguaje.

—¿Ser ingeniero ya no es cosa de hombres?

—En el MIT, un 43 % de los alumnos de licenciatura son mujeres. Es un porcentaje muy alto.

Muy Interesante, septiembre 2004 (Adapt.)

- ¿Por qué se elige a esta mujer para entrevistarla?
- ¿Qué se destaca de ella?

8 **La estructura.** Completa el cuadro sobre la estructura de la entrevista.

Título	Desde ______ hasta ______
Presentación	Desde ______ hasta ______
Diálogo	Desde ______ hasta ______

9 **Tipos de entrevista.** ¿Qué tipo de entrevista es esta: perfil u objetiva? Razona tu respuesta.

1 **Lee con atención el texto y contesta las cuestiones que se plantean.**

La voz de Bertrand se había hecho tan oscura que Louis, a dos palmos de él, no conseguía entenderle. Se lo hizo saber.

—Le oigo mal. Por favor, ¿puede...?

—Sí, sí, resumiré. Ya que he empezado, quiero llegar hasta el final. Me pidió que trajera a la casa a cierta mujer austriaca que ella conocía. Me dio sus señas en Viena. Yo estaba horrorizado. La gestión me iba a llevar días, tal vez semanas. Entretanto, Marlene necesitaría agua, comida. Me dijo que no me preocupara, que tenía todo lo necesario, que allí el tiempo transcurría de un modo muy lento, aunque yo no podría comprenderlo. Solo insistió en que no le hablara a nadie de lo que estaba ocurriendo, ni siquiera a la servidumbre. Dijo que su vida dependía de mi silencio.

J. M. GISBERT
La mansión de los abismos, Planeta & Oxford

- Transcribe las frases con las que empieza y termina la parte dialogada de este fragmento.
- ¿Quiénes son los interlocutores de este diálogo?
- ¿Cuál de los dos conoce a Marlene? ¿Qué nos cuenta de ella?

2 **¿Cuál crees que es la finalidad del diálogo que mantienen los personajes? Marca con una X la respuesta correcta.**

Expresar sentimientos.	☐	Interactuar socialmente.	☐
Intercambiar información.	☐	Conocerse más.	☐

3 **Subraya en el fragmento todas las frases que aparezcan en estilo directo.**

4 **Busca en el texto todas las frases en estilo indirecto, cópialas y transfórmalas al estilo directo.**

Estilo indirecto	Estilo directo

5 **Señala a cuál de estos conceptos corresponde cada uno de los ejemplos:**

Manuel le preguntó si podría verla luego y Ana le dijo que no.

FELIPE.—(Dirigiéndose al público y señalando a Rosa.) *Esta no sabe con quién se juega los cuartos.*

—¿A qué hora dices que ha pasado por aquí?

—Pues no serían más de las 8.

LAURA.—(Llorando compungida mientras constata que se ha quedado sola.) *¿En quién voy a confiar ahora que él se ha ido? ¿Cómo podré vivir sin su cariño? No lo sé, pero tengo que seguir, tengo que sobreponerme…*

- Diálogo →
- Estilo indirecto →
- Aparte →
- Monólogo →

6 **¿Qué diferencias hay entre el diálogo narrativo y el diálogo teatral?**

7 **Menciona las tres partes de la estructura de una entrevista?**

8 **Completa las siguientes definiciones.**

- La entrevista perfil ______________________________
- La entrevista objetiva ______________________________

9 **Elige un tema en el que seas experto y redacta una entrevista objetiva. No olvides que tú serás el entrevistado y el entrevistador.**

Evaluación de bloque

1 **Lee con atención estos textos y completa las afirmaciones que figuran a continuación:**

Texto I

Bosques de un color gris cubrían gran parte del terreno. Es cierto que esta tonalidad monótona se interrumpía con bandas de arena amarilla en las tierras más bajas y con muchos árboles altos de la familia del pino que descollaban sobre los demás, algunos solitarios y otros en grupos, pero la coloración general era uniforme y triste. Los montes se erguían bruscamente sobre la vegetación como torreones de pelada roca.

R. L. STEVENSON
La isla del tesoro, Planeta & Oxford

Texto II

Hacía un día perfecto para andar. El sol brillaba generosamente y yo apreté el paso, hasta que al cabo de una hora noté que tenía hambre. Entonces, decidí tumbarme en la hierba durante un rato y me quedé inmóvil contemplando el paisaje y dejando que el sol se derramara sobre mí para hacerme entrar en calor. Tras dar tres o cuatro mordiscos al embutido que Valentín me había obsequiado, reanudé la marcha con una sensación de bienestar absoluta. Estaba tan pletórico, que no pude reprimirme y eché a correr por el prado con los brazos en cruz, imitando el vuelo de un aeroplano.

Manuel VALLS y Norberto DELISIO
Caminar sobre hielo, Planeta & Oxford

Texto III

Nacida en Nueva York hace 59 años, Helen Fisher es profesora de investigación de la Rutgers University de New Jersey. Ha estudiado 58 culturas de todo el mundo.

—¿Hay alguna clave desconocida que nos lleve a enamorarnos de alguien?

—Son importantes el tiempo y los elementos culturales. Tienes que estar listo para poder enamorarte en ese momento, y también cuentan las experiencias de la infancia.

Muy Interesante, octubre de 2004

- El **Texto** __________ es una **descripción subjetiva,** pues en ella aparecen __________________ y ______________________________. La **intención del autor** es mostrar __________ ____

- El **Texto** __________ es una **narración** en la que solo aparece el **narrador.** Quien narra es el ______________________________; por tanto, se trata de un **narrador** en ______ **persona.**

  El **orden** en el que se presentan los hechos es ______________________________

- El **Texto III** es ______________________________. En este tipo de **textos periodísticos** predomina el **estilo** ____________________

- Los tres textos anteriores son ejemplos de ______________________________, que constituyen las estructuras **textuales básicas.**

2 **Lee estos textos y resuelve las cuestiones que se plantean.**

Texto IV

Los eritrocitos, glóbulos rojos o hematíes son las células sanguíneas más numerosas de la sangre [...]. Presentan forma de disco y carecen de núcleo. Contienen hemoglobina, un pigmento rojo responsable del color de la sangre, en cuya composición hay hierro.

A. M.ª Cabrera Calero y M. Sanz Esteban
Biología y Geología, 3.º ESO, Oxford Educación

Texto V

Ante su estupor, todo el lienzo que cubría una de las paredes se desprendió con gran facilidad. Inmediatamente, con un atisbo de pánico, Cornelius retrocedió un paso. [...]

Entonces, por primera vez desde su llegada a aquel sótano, pensó que estaba cerca de la solución. Con extrema rapidez arrancó los lienzos que forraban las tres restantes paredes; uno de ellos, al caer, arrastró al que cubría el techo. [...]

—El mensaje de la bola es: BIENVENIDO A TÖKLAND —proclamó con absoluta convicción, cuando solo le quedaba medio segundo del tiempo asignado.

—Embarcará usted esta misma noche —dijo, aprobando, el hombre de la Compañía.

J. M. Gisbert
El misterio de la isla de Tökland, Planeta & Oxford

- ¿Cuál de los dos fragmentos incluye un diálogo narrativo? Señala las características de este tipo textual presentes en el fragmento.

- ¿A qué tipo textual corresponde el otro texto? ¿Cuál es su tema?

3 **Indica qué tipos textuales de los que has estudiado en este bloque no aparecen entre los cinco ejemplos anteriores y defínelos.**

4 **Lee nuevamente los textos de las actividades 1 y 2 y subraya con un color las frases que aparezcan en estilo directo y con otro las que correspondan al estilo indirecto.**

5 **Indica en qué estilo aparecen estas oraciones y transfórmalas al estilo contrario.**

a) —¿Cuándo cumples años, Lucía? —preguntó Sara. → **Estilo**

b) Pedro aseguró que no saldría hasta que no hubiera acabado. → **Estilo**

c) —No quiero más, gracias. He comido mucho —contestó Luis. → **Estilo**

d) Pilar le pidió a Juan que no lo contara. → **Estilo**

Evaluación de bloque

6 **¿Cuáles son los diferentes órdenes de narración? Explícalos.**

7 **Señala si estas afirmaciones sobre el narrador son verdaderas (V) o son falsas (F).**

El narrador omnisciente narra en primera persona. ☐

El narrador protagonista participa activamente en la acción. ☐

El narrador omnisciente narra en tercera persona. ☐

El narrador testigo conoce todo lo que piensan y sienten los personajes. ☐

El narrador solo cuenta historias reales. ☐

8 **Completa las afirmaciones sobre las tres partes de la estructura de una narración.**

- En el **planteamiento** ______
- En el **nudo** ______
- En el **desenlace** ______

9 **Explica qué diferencia la descripción objetiva de la descripción subjetiva y señala qué recursos lingüísticos aparecen en cada tipo textual.**

10 **Indica qué tienen en común la noticia y el reportaje.**

11 **Menciona las partes en que se estructura cada uno de los géneros periodísticos anteriores.**

Noticia ☐

Reportaje ☐

12 **Expón cuanto sepas acerca de los diferentes tipos de entrevista.**

Bloque II

Lengua

4. La realidad lingüística de España
- 4.1. Las lenguas de España
- 4.2. El bilingüismo

5. La oración y sus constituyentes
- 5.1. Constituyentes de la oración
- 5.2. Oraciones impersonales
- 5.3. Estructura del sintagma nominal
- 5.4. Funciones del sintagma nominal
- 5.5. El sintagma verbal. El verbo
- 5.6. Las perífrasis verbales
- 5.7. Voz activa y voz pasiva
- 5.8. Oraciones de pasiva refleja

6. Los complementos del predicado (I)
- 6.1. El complemento directo
- 6.2. Oraciones transitivas e intransitiva
- 6.3. El complemento indirecto

7. Los complementos del predicado (II)
- 7.1. El complemento agente
- 7.2. El complemento de régimen

8. Los complementos del predicado (III)
- 8.1. El sintagma adjetival
- 8.2. El atributo
- 8.3. El complemento predicativo
- 8.4. Oraciones atributivas y predicativas

9. Los complementos del predicado (IV)
- 9.1. El sintagma adverbial
- 9.2. Estructura y funciones del sintagma adverbial
- 9.3. El complemento circunstancial

10. Las clases de oraciones
- 10.1. Modalidades oracionales
- 10.2. Clases de oraciones según la estructura sintáctica

11. La oración compuesta
- 11.1. Oración compuesta y proposición
- 11.2. La coordinación
- 11.3. La subordinación
- 11.4. Proposiciones subordinadas adjetivas
- 11.5. Proposiciones subordinadas sustantivas
- 11.6. Proposiciones subordinadas adverbiales

12. El léxico
- 12.1. Estructura de las palabras. Familias léxicas
- 12.2. El campo semántico
- 12.3. Sinónimos
- 12.4. Antónimos
- 12.5. La polisemia
- 12.6. El cambio semántico

4 La realidad lingüística de España

4.1. Las lenguas de España

- Una **lengua** es el **código verbal** que utiliza una **comunidad de hablantes.**
- Las **lenguas provienen unas de otras;** por ello, toda lengua es un **dialecto** de aquella de la que procede.
- El **gallego-portugués,** el **astur-leonés,** el **castellano,** el **navarro-aragonés,** el **catalán** y el **mozárabe** fueron **dialectos del latín.** De ellos, el **gallego,** el **castellano** y el **catalán** se convirtieron en **lenguas románicas** o **romances.**
- Además de las lenguas romances, en España se habla también el **vasco,** lengua prerromana de **origen incierto.**
- En la actualidad, el **español** es **lengua oficial** en **veintiún países** de todo el mundo.

1 Los dialectos del latín. Entre los dialectos que se citan en el recuadro, extrae aquellos provenientes del latín que se hablaron en la península ibérica y cópialos a continuación.

catalán	rumano	portugués	francés	mozárabe
vasco	gallego	castellano	italiano	navarro-aragonés

2 Difusión del español. En los mapas aparecen coloreados los países en los que el español es lengua oficial. Consulta un atlas y asígnales el número que les corresponda.

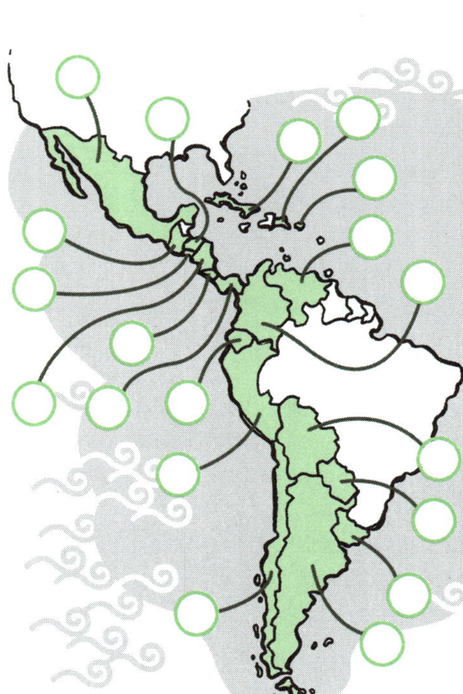

1. Argentina
2. Bolivia
3. Chile
4. Colombia
5. Costa Rica
6. Cuba
7. Ecuador
8. El Salvador
9. España
10. Guatemala
11. Guinea Ecuatorial
12. Honduras
13. México
14. Nicaragua
15. Panamá
16. Paraguay
17. Perú
18. Puerto Rico
19. Rep. Dominicana
20. Uruguay
21. Venezuela

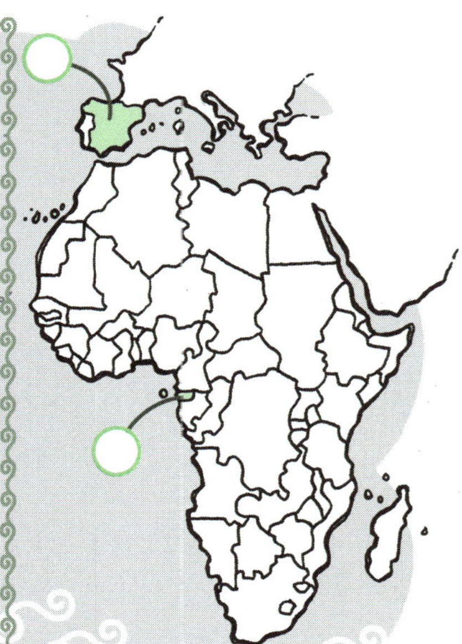

4.2. El bilingüismo

- Una **lengua oficial** es aquella que está **reconocida** como tal por las **leyes de una comunidad.**
- Las **comunidades** donde se habla una **única lengua** son **monolingües,** y aquellas en las que se habla **más de una lengua** son **plurilingües.**
- **España** es un **estado plurilingüe,** ya que en él se habla más de una lengua.
- El caso más frecuente de plurilingüismo es el **bilingüismo** (uso de dos lenguas).
- El bilingüismo puede ser **individual,** si es una persona la que maneja más de una lengua, o **social,** si esta circunstancia afecta a una comunidad en su conjunto.
- Si en una **comunidad bilingüe** se producen **diferencias sociales** o **políticas** en el **uso de una de las lenguas,** nos hallamos ante un caso de **diglosia.**

3 **Las lenguas de España.** Menciona las lenguas que se hablan actualmente en España e indica cuál es su origen.

4 **Mapa lingüístico.** Colorea en el mapa con un color las comunidades bilingües y con otro las monolingües.

- Señala qué lenguas se hablan en cada una de las comunidades bilingües que has coloreado.

5 **El bilingüismo.** Explica en qué consiste el bilingüismo individual.

6 **Situación bilingüe.** Supón que un hablante bilingüe emplea una lengua en el ámbito familiar, y en el resto de sus actividades, otra. ¿Qué nombre recibe esta situación? Defínela.

5 La oración y sus constituyentes

5.1. Constituyentes de la oración

- Una **oración** es un tipo de enunciado formado por dos **elementos constituyentes:** un **sintagma nominal (SN)** que actúa como **sujeto (S)** y un **sintagma verbal (SV)** que actúa como **predicado (P).**
- Los **núcleos** de ambos sintagmas **concuerdan** en **número** (singular o plural) y **persona** (primera, segunda o tercera).
- En ocasiones, el **sujeto** es **elíptico u omitido,** es decir, no aparece expresado en la oración, pero puede ser recuperado a partir de la **desinencia verbal.**
- El **vocativo** no forma parte de la oración. Su función es **nombrar a los destinatarios** del mensaje, pero **no concuerda** necesariamente **con el verbo,** por lo que no puede confundirse con el sujeto.

1 Prueba de concordancia. Modifica el número y la persona de los sintagmas nominales para descubrir el sujeto de las siguientes oraciones.

a) Se encontraban allí sus hijos.

Se encontraba allí su hijo

Sujeto: **sus hijos**

b) ¿Vosotros no conocéis a María?

Sujeto:

c) ¡Qué bonito es este, chicos!

Sujeto:

d) ¿Quién ha cerrado la puerta?

Sujeto:

e) Luis, tus amigos llamaron ayer.

Sujeto:

2 Oración con vocativo. Dos de las oraciones anteriores contienen vocativos. Cópialas a continuación y subraya los vocativos.

3 Constituyentes. Subraya el predicado de las oraciones de la actividad 1.

5.2. Oraciones impersonales

- Una **oración impersonal** es aquella en la que el **sujeto no está expreso** ni puede ser **recuperado por la desinencia verbal.**
- Las oraciones impersonales pueden ser de diferentes tipos:
  - Con verbos referidos a **fenómenos meteorológicos:** *Tronará en Sierra Nevada.*
  - Con los verbos ***hacer*** y ***ser***, conjugados en **3.ª persona del singular** y referidos a **fenómenos naturales o temporales:** *Hace calor; Es de día.* No son impersonales, sin embargo, las oraciones que indican la hora: *Son las ocho.*
  - Con el verbo ***haber*** como **núcleo del sintagma verbal:** *Hubo elecciones.*
  - Impersonales con ***se*** y el verbo en **3.ª persona del singular** (sin posibilidad de recuperar el sujeto): *Se está bien aquí;* pero *Se vistió* rápidamente > *Él / Ella se vistió rápidamente.*

4 **Oraciones impersonales.** Señala cuáles de estas oraciones son impersonales y cuáles tienen el sujeto omitido. Recupera en estas últimas el sujeto.

a) Se lava la cabeza con jabón. →

b) Se lava a los infectados. →

c) Durante la ceremonia se levantó dos veces. →

d) Durante la ceremonia se puso a llover. →

e) Se odian entre sí. →

f) Se odia a los malvados. →

5 **Tipos de impersonales.** Localiza entre estas oraciones las impersonales e indica su tipo.

a) Por la noche hacía un frío insoportable.

b) Hay ratones en el desván.

c) Mañana hará un buen día.

d) Es demasiado tarde para eso.

e) Era casi la una.

f) Le hace falta una cazadora.

g) Hace mucho viento.

h) El cielo se oscureció.

i) Llovía a cántaros.

j) Se llamó al orden.

6 **Oraciones con sujeto.** Subraya el sintagma nominal que funciona como sujeto en las oraciones del ejercicio anterior que no son impersonales.

5.3. Estructura del sintagma nominal

- El **sintagma nominal** tiene como **núcleo** un **sustantivo** o un **pronombre**: *el río; los míos.*
- Además del núcleo, en el sintagma nominal pueden aparecer:
  - **Adjetivos determinativos,** que actúan como **determinantes (D)**: *mi libro.*
  - **Adjetivos calificativos,** que funcionan como **adyacentes (Ady)**: *libro azul.*
  - **Sintagmas nominales precedidos por preposición,** que también actúan como **adyacentes**: *libro de Lengua.*
  - **Sintagmas nominales sin preposición,** con función de **aposición (Ap)**: *Ana, tu hija.*
- Un sintagma nominal solo tiene **un núcleo;** sin embargo, puede aparecer **más de un determinante,** más de un **adyacente** y más de una **aposición.**

7 **Sintagmas nominales.** Subraya el núcleo de estos sintagmas nominales y di qué clase de palabra actúa como tal.

Enormes manchas rojas.

Una buena alimentación.

Todas esas cosas.

Un sentimiento de auténtica bondad.

Las largas cartas de mi primo.

Aquella moto suya, la Harley.

Uno de esos momentos.

Los dos.

Bastantes libros nuevos para la educación.

Una tarjeta sin nombre.

- Reconoce los determinantes del núcleo del ejercicio anterior y clasifícalos.

ARTÍCULOS	DEMOSTRATIVOS	POSESIVOS	NUMERALES	INDEFINIDOS

- Copia los adjetivos calificativos que actúan como adyacentes del núcleo.

- Indica ahora qué sintagmas nominales precedidos de preposición se refieren al núcleo.

- Busca en las frases la aposición que aparece y escríbela.

5.4. Funciones del sintagma nominal

- El **sintagma nominal** puede desempeñar **diversas funciones:**
  - **Sujeto** de una oración: *La mañana era soleada.*
  - **Adyacente** del núcleo de otro sintagma nominal (con preposición): *casa de muñecas.*
  - **Aposición** del núcleo de otro sintagma nominal (sin preposición): *comida basura.*
  - **Complemento del verbo** en el predicado (CC, CD, CI, atributo...): *Lo compré en la tienda; Aprobó los exámenes; Dio las gracias a Pilar; Eva es mi hermana...*

8 Reconocimiento de sintagmas. Subraya los sintagmas nominales cuyo núcleo sea un pronombre.

He decidido ser poeta. Mi padre dice que no existe ninguna carrera estructurada para poetas y tampoco pensiones ni otras cosas aburridas, pero lo tengo decidido. Ha intentado que me interesara en ser analista de ordenadores, pero le he contestado que «necesitaba poner mi alma en mi trabajo y ya se sabe que los ordenadores no tienen alma». Mi padre dijo: «los americanos trabajan en ello». Pero no puedo esperar tanto tiempo.

He comprado dos latas de pintura satinada negra de vinilo y una brocha de dos centímetros. Empecé a pintar cuando llegué del centro juvenil. Aún se ve a Noddy, el muñeco de la pared, a través de la pintura negra. Me parece que se necesitarán dos capas. ¡Vaya suerte la mía!

Sue Townsend
El diario secreto de Adrian Mole, Planeta & Oxford (Adaptación)

9 Estructura y función. Sigue el ejemplo de la oración *a)* y analiza la estructura de los sintagmas nominales destacados e indica qué funciones (sujeto, adyacente, complemento verbal) realizan en la oración.

a) No existe **ninguna carrera para poetas.**
D N Ady (Prep + Sust)

Función → Sujeto

b) Tampoco hay **otras cosas aburridas.**

Función →

c) Trabajaré **con una brocha de dos centímetros.**

Función →

d) He comprado **dos latas de pintura satinada.**

Función →

e) No puedo esperar **tanto tiempo.**

Función →

f) Seré **analista de ordenadores.**

Función →

g) Cuando llegué **del centro juvenil.**

Función →

h) Se necesitarán dos capas **de pintura.**

Función →

5.5. El sintagma verbal. El verbo

- El **sintagma verbal** siempre cumple en la oración la **función** de **predicado.**
- El **sintagma verbal** tiene como **núcleo** un **verbo.**
- El **verbo** es la **clase de palabra** que expresa **persona** (1.ª, 2.ª, 3.ª), **número** (singular, plural), **modo** (indicativo, subjuntivo, imperativo) y **tiempo** (pasado, presente, futuro). A las **variaciones de forma** de los verbos se las denomina **conjugación verbal.**
- Además de las formas conjugadas o personales, existen **formas** verbales **no personales: infinitivo** *(amar, haber amado),* **gerundio** *(amando, habiendo amado)* y **participio** *(amado).*

10 **Verbos y verbos.** Rodea en el texto las formas personales y subraya las no personales.

La convertirían en un chico.

—Siendo un chico podrás ir y venir al mercado, comprar lo que necesitemos y nadie te dará el alto —le dijo su madre.

—Es una solución perfecta —afirmó la señora Weera.

—Serás nuestro primo de Jalalabad —añadió Nooria—, que ha venido a estar con nosotras mientras nuestro padre está ausente.

Parvana las miraba a las tres. Era como si hablasen un idioma extranjero y no entendiese una palabra.

Deborah Ellis
El pan de la guerra, Edelvives

	FORMAS SIMPLES		FORMAS COMPUESTAS	
Indicativo	Presente	salt-**o**	Pret. perf. compuesto	**he** salt-**ado**
	Pret. imperf.	salt-**aba**	Pret. pluscuamperf.	**había** salt-**ado**
	Pret. perf. simple	salt-**é**	Pret. anterior	**hube** salt-**ado**
	Futuro	salt-**aré**	Futuro perf.	**habré** salt-**ado**
	Condicional	salt-**aría**	Condicional perf.	**habría** salt-**ado**
Subjuntivo	Presente	salt-**e**	Pret. perf. compuesto	**haya** salt-**ado**
	Pret. imperf.	salt-**ara** o salt-**ase**	Pret. pluscuamperf.	**hubiera** o **hubiese** salt-**ado**
	Futuro	salt-**are**	Futuro perf.	**hubiere** salt-**ado**
Imperativo	salt-**a** / salt-**ad**			

11 **Análisis de verbos.** Observa el ejemplo y analiza las siguientes formas extraídas del texto.

FORMA	PERSONA	NÚMERO	TIEMPO	MODO	INFINITIVO
podrás	2.ª	singular	futuro	indicativo	poder
necesitemos					
es					
afirmó					
ha venido					
miraba					
hablasen					
entendiese					

5.6. Las perífrasis verbales

- Una **perífrasis** es un **conjunto** de **formas verbales** que constituyen una **unidad.**
- Las perífrasis se forman con un **verbo auxiliar conjugado** y un **verbo principal** en **infinitivo, gerundio** o **participio.** Entre ambos puede aparecer una conjunción o una preposición: *Debes comer; Tuvo que irse; Debería de estar.*
- Las perífrasis se clasifican en función de las formas no personales que las componen y pueden expresar diferentes valores:
  - **Obligación:** *deber / tener que / haber de / haber que* + infinitivo (*Tengo que terminar*).
  - **Posibilidad:** *poder / deber de* + infinitivo (*Debe de estar por ahí*).
  - **Inicio de la acción:** *ponerse / romper / echar + a* + infinitivo (*Echo a andar*).
  - **Desarrollo de la acción:** *estar / seguir / llevar / ir / venir* + gerundio (*Sigue participando*).
  - **Acciones finalizadas:** *tener* + participio (*Tengo recogida mi habitación*).

12 **Sintagmas verbales y perífrasis.** ¿En cuáles de estas oraciones el núcleo del sintagma verbal es una perífrasis? Subráyalas y di qué indican.

a) Estoy a punto de hacer las maletas.

b) ¿Podrías venir esta tarde?

c) ¿A qué hora se puso a nevar?

d) Estábamos haciendo fotografías.

e) Se puso el jersey del revés.

f) Lleva contestadas tres preguntas.

g) ¿No llevas al niño a la guardería?

h) Todo viene a salir por veinte euros.

i) Vengo corriendo desde mi casa.

j) Tenéis que regresar pronto.

13 **Reconocimiento.** Lee el siguiente texto y subraya las perífrasis verbales que encuentres.

A la mañana siguiente, después de desayunar, Parvana volvió a la calle.

—Coge las cosas de escribir de tu padre, su manta y ve al mercado —le dijo su madre—. Quizá puedas ganar algún dinero. Has visto cómo lo hacía. Debes hacer lo mismo que él.

A Parvana le gustó la idea. La compra del día anterior había ido bien. Si era capaz de ganar algún dinero, no tendría que realizar las tareas de la casa. El disfraz de chico había funcionado en una ocasión. ¿Por qué no iba a hacerlo de nuevo?

Deborah ELLIS
El pan de la guerra, Edelvives (Adaptación)

5.7. Voz activa y voz pasiva

- La **voz pasiva** se forma con el **verbo *ser* como auxiliar,** seguido del **participio del verbo** que expresa la **acción:** *soy juzgado, fui juzgado, habían sido juzgados...*
- Todas las **formas verbales de la voz activa** tienen su **correlato en la voz pasiva.**
- La **oración activa** es aquella en la que el **sujeto realiza la acción** expresada en el verbo *(Compré una casa),* mientras que en la **oración pasiva** el **sujeto sufre o padece la acción** verbal, es decir, es un **sujeto paciente** *(Una casa fue comprada).*
- Existen dos clases de oraciones pasivas:
  - **Pasivas puras.** Se construyen con el **verbo en voz pasiva.**
  - **Pasivas reflejas.** Se construyen con la partícula ***se*** y el **verbo en voz activa.**

14 **Transformaciones.** Indica cuál es la forma verbal pasiva que corresponde a las siguientes formas activas.

ACTIVA	PASIVA	ACTIVA	PASIVA
han instalado	han sido instalados	construirán	
compraba		había escuchado	
hubiera permitido		celebraría	
planté		haya estropeado	

- Convierte ahora en voz activa las formas que se dan en pasiva.

PASIVA	ACTIVA	PASIVA	ACTIVA
ser dominado	dominar	han sido derrotados	
hubo sido adquirido		fue advertido	
habrá sido arreglado		son elegidos	
hubiéramos sido amados		han sido llamados	

15 **Sujetos pacientes.** Subraya los sujetos pacientes en las oraciones en que aparezcan.

- El campo fue abonado antes de la siembra.
- Vendió el traje por cuarenta euros.
- Fue a la playa de vacaciones
- Tu hermano es muy considerado.
- ¡Nosotros tres hemos sido admitidos!
- Han sido entregadas las llaves de cien pisos.
- En el paragüero fueron depositados los paraguas.

5.8. Oraciones de pasiva refleja

- En las oraciones de **pasiva refleja,** al igual que en las oraciones de pasiva pura, el **sujeto recibe o padece la acción** verbal.
- La **pasiva refleja** se presenta con el **verbo conjugado en voz activa** y la **partícula *se* como marca de pasividad:** *El robo se descubrió durante la noche.*
- No se debe **confundir** la **pasiva refleja** con las **oraciones impersonales con *se*;** mientras que en la **oración impersonal no hay sujeto,** en la pasiva refleja sí. Para descubrirlo, basta con cambiar el número del sintagma nominal: *El robo se descubrió* > *Los robos se descubrieron;* pero *Se vive bien en el pueblo* > **Se viven bien en los pueblos.*

16 **Descubrir el sujeto.** Cambia de número el sintagma subrayado para descubrir si actúa o no como sujeto de la oración.

a) Se alquila un apartamento en la playa. →

b) Se investigó el crimen. →

c) Se persiguió al ladrón por toda la calle. →

d) ¿Se conoce ya el resultado? →

e) Se encendieron todas las luces del callejón. →

- ¿Cuáles de las oraciones son pasivas reflejas? Escríbelas a continuación y analízalas.

17 **Tipos de oraciones.** Indica cuáles de las siguientes oraciones son impersonales y cuáles pasivas reflejas.

a) Se come barato en este restaurante. →

b) Se detectó una grieta en el fuselaje del avión. →

c) No se debe viajar en bicicleta sin casco. →

d) Se derogaron dos leyes en el Senado. →

e) ¿Se ha estrenado la última película de Almodóvar? →

Prueba de evaluación

1 **Lee con atención el texto y contesta las cuestiones que se plantean.**

La brisa era fría y estaba impregnada de un aroma, intenso pero no desagradable, a sal y pescado. En el cielo, las gaviotas graznaban y chillaban como si se lamentaran.

La señora Johansen consultó su reloj.

—Me pregunto si Henrik habrá vuelto ya. Pero no importa. Siempre deja la casa abierta. Vamos, chicas, iremos andando. No está lejos; son algo menos de tres kilómetros. Hace un buen día. Iremos por el sendero del bosque en lugar de por la carretera. Es un poco más largo, pero más bonito. [...]

La acera desapareció, y la señora Johansen continuó por un sendero flanqueado de árboles.

—Todas las mañanas, cuando iba al colegio, mi perro me seguía hasta aquí. Al final del sendero, se daba la vuelta y se volvía a casa. [...] Se llamaba Trofast, que significa «fiel». [...] A veces, incluso hoy, al llegar a esta curva, creo que voy a encontrar a Trofast moviendo el rabo.

Pero aquel día no había nadie en el sendero. Ni personas, ni el perro fiel.

Lois Lowry
¿Quién cuenta las estrellas?, Planeta & Oxford

- Analiza la estructura de los siguientes sintagmas nominales.

Un aroma a sal y pescado. Todas las mañanas. El final del sendero.

El fiel Trofast, un perro de campo. La hierba crecida. La señora Johansen.

- Analiza las formas verbales destacadas en el texto.

FORMA	PERSONA	NÚMERO	TIEMPO	MODO	INFINITIVO

2 **¿Qué es una perífrasis verbal? Localiza la que aparece en el texto. Escríbela y señala qué valor tiene.**

3 **Define vocativo y localiza el ejemplo que aparece en el texto.**

4 **Señala el sujeto y el predicado de las siguientes oraciones.**

a) La brisa era fría.

b) ¿Habrá vuelto ya Henrik?

c) Chicas, iremos andando.

d) Las gaviotas graznaban.

e) Siempre deja la casa abierta.

f) Por la mañana, mi perro me seguía hasta aquí.

5 **Define oración impersonal. Localiza los dos ejemplos que hay en el texto, cópialos y analízalos.**

6 **Escribe oraciones impersonales que respondan a los siguientes tipos.**

Fenómeno meteorológico →

Verbo *ser* + fenómeno temporal →

7 **Observa el ejemplo y transforma las oraciones activas en pasivas, y viceversa.**

El ramo será entregado por la florista hoy. → **La florista entregará hoy el ramo.**

La NASA ha lanzado un cohete a Marte. →

Este cuadro fue pintado por Picasso. →

¿Habían arado los bueyes el campo? →

La noticia fue escuchada por todos. →

8 **¿En qué debes fijarte para descubrir si una oración es pasiva refleja o impersonal?**

En la presencia del *se*. ☐ En la presencia de un sujeto paciente. ☐ En la desinencia verbal. ☐

■ Señala cuál de estas oraciones es una pasiva refleja.

a) Se premia el esfuerzo.

b) Se premia a los esforzados.

6 Los complementos del predicado (I)

6.1. El complemento directo

- La **función** de **complemento directo (CD)** solo puede ser desempeñada por un **sintagma nominal.**
- Los CD pueden aparecer en la oración:
  - **Sin preposición:** *He visitado Guadalajara; Los vi en la esquina.*
  - **Precedidos por la preposición *a*,** cuando se hace referencia a personas, animales o entes personificados: *Conozco a tu hermana; Llevé a mi gatito al veterinario.*
- El CD aparece en **predicados verbales,** pero **nunca** en aquellos cuyo núcleo sea una forma de los verbos ***ser, estar*** o ***parecer.***
- El CD puede estar **repetido en la oración** como pronombre personal y como sintagma nominal con un nombre o un pronombre como núcleo: *A mi amigo lo operaron.*
- Los **pronombres personales átonos** que actúan como CD *(me, te, lo, la, nos, os, los, las)* no llevan preposición y pueden aparecer unidos a la forma verbal: *dilo.*

1 **Sustitución pronominal.** Escribe de nuevo las oraciones sustituyendo, en los casos en los que sea posible, los sintagmas subrayados por los pronombres *lo, la, los, las.*

a) Fui a casa de mi abuela. →

b) Invité a mi prima ayer tarde. →

c) Acudimos al concierto con la profesora. →

d) Aplaudieron mucho a los cantantes. →

e) Entrevistaron a las ganadoras del concurso. →

f) ¡Han vacunado a mi periquito! →

- Copia las oraciones anteriores en las que los sintagmas subrayados actúan como CD.

Para reconocer un **CD,** se sustituye el sintagma nominal por los **pronombres personales *lo, la, los, las.***

También se puede hacer la **transformación a pasiva:** el CD de la voz activa se convierte en sujeto de la voz pasiva.

2 Transformación a pasiva. Transforma, siguiendo el modelo, las siguientes oraciones a voz pasiva para descubrir qué sintagmas actúan como CD y subráyalos.

a) No he perdido nunca la esperanza. → **La esperanza nunca ha sido perdida por mí.**

b) Teñía su pelo cano con un tinte cobrizo. →

c) Entregaron a sus familiares los objetos robados. →

d) Olvidaron su mochila en la estación. →

e) Leeré a los presentes estos poemas. →

f) Han instalado una alarma en casa. →

g) Llevó unas flores a su madrina. →

h) Conmovió al público con su actuación. →

3 Falsos CD. Explica por qué los sintagmas subrayados no pueden ser el CD de la oración.

a) A ella le pareció bien. →

b) Compraré un tren eléctrico a mi nieto. →

c) Lo vi a solas. →

d) Llegó muy animado. →

e) Es un chico respetuoso. →

f) Está a cien kilómetros. →

4 Identificación del CD. Subraya los complementos directos de estas oraciones.

Ya he contado toda la historia.

Yo lo veo así.

A los heridos los atendieron rápidamente.

Tiene una cita aquí a las tres y media.

Lo delató su entusiasmo.

¿Cuándo has comprado ese reloj?

Nada turbó su satisfacción.

Este edificio lo construyeron en un año.

Hubo un gran revuelo en la sala.

¿Has saludado a tus tías?

Las llaves, guárdalas en el cajón.

A vosotros no os he llamado aún.

¿Convencerá al resto de los vecinos?

Débora revisó las pruebas.

6.2. Oracciones transitivas e intransitivas

- Las oraciones en las que **aparece un CD** reciben el nombre de **oraciones transitivas.**
- Las oraciones en las que **no aparece un CD** se denominan **oraciones intransitivas.**
- Las **oraciones impersonales** pueden ser tanto **transitivas** como **intransitivas.**

5 Oraciones con CD. Localiza los CD donde aparezcan y señala si las oraciones son transitivas o intransitivas.

a) Recuperaremos el tiempo perdido.

b) La adquirimos el mes pasado.

c) Hay castillos de arena en la playa.

d) Estabais cansadas de tanto trabajo.

e) Tomaron un exquisito helado de fresa.

f) Parecía agotado por el viaje.

g) Llegaron a la ciudad en avión.

h) A esta localidad la llaman Villanueva.

6 Análisis sintáctico. Realiza el análisis completo de las siguientes oraciones. Recuerda señalar los constituyentes principales, los núcleos, los modificadores y los CD.

a) Sonó un claro murmullo de estupor.

b) Todos pagaron la cuota.

c) Deje su paraguas, señor.

d) No hubo respuesta.

e) Esos dos tienen un aire de familia.

f) Admítelo, Juan.

g) ¿Quiénes vendrán?

h) A ellos no los saludaron.

- Observa el análisis de las oraciones de la actividad 6 y completa el recuadro.

- Las **oraciones** ____________________ son **transitivas.**
- Las **oraciones** ____________________ son **intransitivas.**

6.3. El complemento indirecto

- La **función** de **complemento indirecto (CI)** puede ser desempeñada por:
  - Un **sintagma nominal** precedido por la **preposición** ***a:*** *Entregué la llave a mi jefa.*
  - Un **sintagma nominal sin preposición** cuyo núcleo son los **pronombres personales átonos** *me, te, le (se), nos, os, les (se): Le entregué la llave.*
- El **CI** puede aparecer en **todo tipo de oraciones,** incluyendo aquellas formadas por los verbos ***ser, estar*** y ***parecer.***
- El **CI** también puede **aparecer repetido** en la oración: *A vuestro padre le han reconocido la antigüedad en el trabajo.*

7 Directos e indirectos. Indica si los sintagmas subrayados actúan como CD o CI, aplicando las pruebas correspondientes.

a) La puntualidad preocupa mucho a los profesores.

b) Conté a mis padres la película.

c) He contado nuestros planes a mis amigos.

d) ¿Habéis llamado a los abuelos?

Para reconocer un **CI,** se sustituye el sintagma nominal por los **pronombres personales** ***le, les.***

También se puede hacer la transformación a pasiva: en la **oración pasiva,** el **CI** cumple **la misma función** que en la **oración activa.**

8 Oraciones con pronombres. Rodea los pronombres personales que actúan como CI.

Me lo decía mi abuelito.

Le regalé una camiseta.

Cuéntaselo a ellos con toda tranquilidad.

¿Os ha parecido apropiada su intervención?

9 Análisis sintáctico. Analiza completamente las siguientes oraciones. Indica si son transitivas o intransitivas.

a) A todos les gustó la representación.

b) Nos dará una respuesta.

c) A ella le duele la rodilla.

d) Le confió su secreto más íntimo.

e) Juan le hizo un regalo a Carmen.

f) ¿A quién se lo devolviste?

6 Prueba de evaluación

1 **Lee el siguiente poema y contesta las cuestiones que se plantean.**

Amo a los hombres
y ***les*** *canto.*
Amo a los jóvenes
desafiantes jinetes del aire,
pobladores de pasillos en las universidades,
rebeldes, inconformes, planeadores de mundos
diferentes.
Amo a los obreros,
esos sudorosos gigantes morenos
que salen de madrugada a construir ciudades. [...]
Amo a los campesinos
que no tienen más tractor que su brazo
que rompen el vientre de la tierra y ***la*** *poseen. [...]*
Amo a los pintores —hombres colores—
que guardan la hermosura para nuestros ojos
y a los que pintan el horror y el hambre
para que no se ***nos*** *olvide. [...]*
A todos amo con un amor de mujer, de madre,
de hermana,
con un amor que es más grande que yo toda,
que ***me*** *supera y* ***me*** *envuelve como un océano*
donde todo el misterio se resuelve en espuma.

Gioconda BELLI
El ojo de la mujer, Visor

- Clasifica los pronombres personales destacados según la función que cumplen en su oración.

CD	CI

- Extrae del texto todos los CD introducidos por la preposición *a*.

2 **Localiza los CD que aparecen en estas frases.**

Los campesinos rompen el vientre de la tierra. →

Los pintores guardan la hermosura para nuestros ojos. →

Los obreros construyen ciudades. →

Pintan el horror y el hambre. →

3 **Tacha la opción incorrecta.**

- Todas las oraciones de la actividad anterior son **transitivas** / **intransitivas** porque **tienen** / **no tienen** CD.
- El CD **puede** / **no puede** aparecer en oraciones con los verbos *ser, estar* y *parecer.*
- El CI de una oración activa **actúa** / **no actúa** como sujeto en la transformación a pasiva.
- El CI puede llevar **todas las preposiciones** / **exclusivamente la preposición** *a.*
- El CD de persona **puede** / **no puede** llevar la preposición *a.*
- Los CD y los CI **pueden** / **no pueden** aparecer repetidos en la oración.
- Las oraciones impersonales **pueden** / **no pueden** ser transitivas o intransitivas.

4 **Realiza el análisis completo de las siguientes oraciones.**

a) Esos rayos de sol le dan un color dorado al río.

b) Te traigo el nuevo éxito de tu cantante favorito.

c) Les ayudará tu alegría.

d) Nos ilumina la noche la luna llena.

e) Le escribo estas notas a tu madre.

f) Me gusta el almendro en flor.

g) A los violinistas les entregó las partituras el director.

h) Sujetadlo, muchachos.

5 **¿Cuáles de las oraciones del ejercicio anterior son intransitivas?**

7 Los complementos del predicado (II)

7.1. El complemento agente

- En algunas **oraciones pasivas** suele aparecer un **complemento** del verbo que indica **quién realiza** de hecho la acción: el **complemento agente (C Ag).**
- El **complemento agente** solo puede figurar en las **oraciones pasivas puras,** es decir, en aquellas que están construidas con el **verbo en voz pasiva,** y **nunca** en las **oraciones de pasiva refleja.**
- El complemento agente adopta la **forma de un sintagma nominal** precedido por la **preposición** *por: Seremos remolcados por el práctico del puerto.*
- El **complemento agente** de la **oración pasiva** corresponde al **sujeto** de la **oración activa:**

El profesor	*corrigió*	*los exámenes.*
Sujeto	Verbo en voz activa	CD

Los exámenes	*fueron corregidos*	*por el profesor.*
Sujeto paciente	Verbo en voz pasiva	Complemento agente

1 El complemento agente. Subraya los complementos agente que encuentres en estas oraciones.

a) ¿Cuántos aviones han sido detectados por el radar?

b) Por este motivo no ha sido dado a conocer el edicto.

c) Por su culpa fui castigado sin merienda.

d) La ventana fue dañada por el vendaval.

e) El libro había sido publicado por la editorial.

f) Por allí no vive nadie.

g) Siempre está preguntando por ti.

h) Elisa es muy alabada por su eficacia.

No todos los sintagmas precedidos por la preposición ***por*** actúan como **agente,** sino solo aquellos que se convierten en **sujetos** al transformar la **oración en activa:** *El ladrón fue apresado por la calle;* pero no **La calle apresó al ladrón.*

2 Análisis de oraciones pasivas. Copia las oraciones del ejercicio anterior que sean pasivas puras y analízalas.

7.2. El complemento de régimen

- El **complemento de régimen (C Rég)** es un **sintagma nominal** que aparece precedido por una **preposición exigida por el verbo.**
- El sintagma nominal puede sustituirse por un **pronombre tónico,** pero **mantiene** siempre la **preposición:** *Se interesa por el cine* > *Se interesa por ello;* pero no **Se interesa ello.*
- El **complemento de régimen** puede aparecer en **oraciones pasivas** o **activas,** y dentro de estas últimas, tanto en oraciones **transitivas** como **intransitivas.**

3 Complementos de régimen. Intenta sustituir los sintagmas subrayados por un pronombre o un adverbio y comprueba si se trata o no de un complemento de régimen.

a) No me acordaba <u>de su apellido</u>. ➜

b) Recordó <u>a su madre</u> durante la ceremonia. ➜

c) Siempre me identifico <u>con las buenas causas</u>. ➜

d) Identificó <u>al delincuente</u> por las ropas. ➜

e) ¡Alimenta <u>a todos los animales perdidos</u>! ➜

f) En esa película habían olvidado <u>al niño</u> en casa. ➜

g) Se habían olvidado <u>de la hora de la cita</u>. ➜

- Observa las sustituciones que has hecho en la actividad anterior y completa el recuadro.

Los sintagmas subrayados de las **oraciones** ______________________ funcionan como **complementos de régimen.**

4 Función sintáctica. ¿Qué función desempeñan los sintagmas subrayados del ejercicio anterior que no son complementos de régimen?

5 Análisis de oraciones. Analiza sintácticamente las siguientes oraciones.

a) Se arrepintieron de su acción.

b) Debes centrarte en tu educación.

c) ¿Qué opinas de mi escultura?

d) Ana se ocupará de ello.

e) Se interesa por los coches antiguos.

f) Tú confiabas ciegamente en ella.

Prueba de evaluación

1 **Localiza en el siguiente texto los complementos agente y subráyalos.**

La impresión mediante planchas talladas en madera ya era empleada por los chinos muchos siglos antes de que Gutenberg se apropiara de esta idea. Se han encontrado sellos que datan de 1324 a. C. y libros realizados con bloques de madera o arcilla cocida que fueron estampados por desconocidos maestros en el siglo VII de nuestra era. Pero el carácter ideográfico de la escritura china (no se representan letras, sino palabras o conceptos) fue, sin duda, un importante obstáculo para el perfeccionamiento de este invento.

La primera Biblia impresa (1453) es conocida por los bibliófilos como la Biblia de 42 líneas, por ser este el número de renglones de cada columna. Aunque también es llamada la Biblia de Gutenberg, en realidad no fue impresa en su totalidad por el famoso editor, ya que, tras una disputa con su socio, Johann Fust, perdió las instalaciones de la imprenta cuando la obra aún no había sido acabada. Para sustituirlo, Fust empleó a Peter Schöffer, que se convirtió en su yerno y socio.

Inventos del milenio, El País-Aguilar (Adaptación)

2 **En algunas de estas oraciones pasivas aparecen complementos agente. Aplica las pruebas pertinentes y localízalos.**

a) Se han encontrado sellos por toda China.

b) El invento no fue perfeccionado por el carácter ideográfico de la escritura china.

c) Fue llamada así por el número de renglones de cada columna.

d) La Biblia no fue impresa por el famoso editor.

e) La obra no fue acabada por disputas entre los socios.

f) En realidad, el texto fue completado por Peter Schöffer.

3 **¿Qué tipo de oración pasiva puede llevar complemento agente? ¿Cuál no?**

4 **Observa las oraciones de la actividad 2 y completa del recuadro.**

Las oraciones ______________________ son **pasivas puras.** La oración ______________ es **pasiva refleja.**

5 **¿Qué es un complemento de régimen? Defínelo y explica qué prueba podemos utilizar para reconocerlo.**

6 **Subraya los complementos de régimen que encuentres en las siguientes oraciones extraídas del texto de la página anterior.**

a) La impresión mediante planchas ya era empleada en China.

b) Gutenberg se apropió de esta idea.

c) Los libros habían sido realizados con bloques de madera.

d) Esos libros fueron estampados en el siglo VII.

e) En la escritura china no se representan letras.

f) Esto obstaculizó el perfeccionamiento de este invento.

g) Gutenberg discutió con su socio.

h) Fust empleó a Peter Schöffer.

i) Peter Schöffer se convirtió en su yerno.

7 **Copia ahora las oraciones del ejercicio anterior en las que hayas encontrado complementos de régimen y analízalas.**

8 **¿Cuáles de las oraciones de la actividad 6 son pasivas? Escríbelas y analízalas.**

9 **Localiza ahora oraciones transitivas en la actividad 6 y transfórmalas en pasivas.**

8 Los complementos del predicado (III)

8.1. El sintagma adjetival

- Un **sintagma adjetival (S Adj)** es aquel que tiene como **núcleo** un **adjetivo calificativo.**
- El **adjetivo calificativo** es una **clase de palabra** que expresa **cualidades** o **propiedades** de los sustantivos.
- Además del núcleo, en el sintagma adjetival pueden aparecer:
  - **Adverbios:** *El postre está bastante dulce.*
  - **Sintagmas nominales precedidos o no de preposición:** *Está loco por ella; Un traje amarillo limón.*
  - **Otro adjetivo:** *Un traje rosa claro.*
  - **Comparaciones:** *El suyo es un trabajo tan peligroso como el mío.*
- El **sintagma adjetival** puede cumplir en la oración las **funciones** de **adyacente** del núcleo del sintagma nominal, **atributo** y **complemento predicativo.**

1 **Estructura del sintagma adjetival.** Analiza la estructura de los siguientes sintagmas.

- Flanqueado de árboles.
- Revuelto por el viento.
- Muy baja en calorías.
- Rabioso verde botella.
- Furioso como un tigre.
- Tan delgado como una espiga.
- Más aburrido que un hongo.
- Muy entendidos en pintura.
- Fuertemente trastornados por lo sucedido.
- Convencidos de la redondez de la Tierra.
- Blanco nacarado.
- Demasiado cansado de tus torpezas.

2 **Localización.** Subraya los sintagmas adjetivales que encuentres.

Me llegó el recuerdo vivísimo de un carnaval que había visto cuando pequeña. La gente, en verdad, era grotesca: un hombre pasó a mi lado con los ojos cargados de rímel bajo un sombrero ancho. Sus mejillas estaban bastante sonrosadas. Todo el mundo me parecía disfrazado con mal gusto. [...] Encogida junto a la falda de mi madre, escuché las carcajadas de las máscaras. [...] Levanté los ojos y vi al fondo de la calle la montaña de Montjuïch envuelta en la pureza de la noche.

Carmen LAFORET
Nada, Aguilar (Adaptación)

8.2. El atributo

- El **atributo (At)** es el **sintagma adjetival** que funciona como complemento de los **verbos *ser, estar*** o ***parecer:*** *La comida es / está / parece magnífica.*
- El **atributo modifica** al mismo tiempo al **verbo** y al **núcleo del sujeto,** con el que concuerda en género y número: *El perro pastor es muy listo / Los perros pastores son muy listos; Ella parece cansada / Ellos parecen cansados.*
- Además de los sintagmas adjetivales, pueden actuar como **atributo:**
  - Los **sintagmas nominales:** *Todas sus hermanas son arquitectas.*
  - Los **sintagmas nominales precedidos de preposición,** si **equivalen** a un **adjetivo:** *El agua parece de cristal* (*cristalina*); pero *están en el pueblo* (**empoblados*).
- El **atributo** puede sustituirse por el **pronombre *lo*** (*El perro pastor lo es*); sin embargo, **no debe confundirse con el CD,** ya que este nunca puede aparecer con los verbos *ser, estar* o *parecer* y el atributo nunca puede ser sujeto en las transformaciones a pasivas: **Muy obediente es sido.*

3 Reconocimiento de sintagmas. Localiza los sintagmas adjetivales que aparecen en las siguientes frases, analiza su estructura e indica si se refieren solo a un nombre o a un nombre y un verbo.

a) Yo no soy tan joven.

b) Esto es bueno para la sangre.

c) Aquí son todos muy astutos.

d) El viejo está cabizbajo y pensativo.

e) Me parecen interesantes estos libros.

f) Me presentó a una mujer tan bella como tú.

g) El disco grabado por tu grupo tuvo éxito.

h) Este verso no es tan bonito como el anterior.

i) Vivían en una casa lujosamente amueblada.

j) La habitación está sumamente revuelta.

- ¿En cuáles de estas oraciones actúan como atributos los sintagmas adjetivales?
- ¿Qué función desempeñan los sintagmas adjetivales de las restantes oraciones?

8

8.3. El complemento predicativo

- Los **sintagmas adjetivales** y los **sintagmas nominales** pueden actuar también como **complemento predicativo (C Pvo).**
- El **complemento predicativo** es un **complemento del predicado** que modifica simultáneamente a un **verbo** y al **sujeto** o al **CD** de la oración, con los cuales concuerda: *La joven regresó cansada / Los jóvenes regresaron cansados. Encontré acostado a mi hermano; encontré acostados a mis hermanos.*
- A diferencia del atributo, el complemento predicativo **nunca aparece con los verbos** ***ser, estar*** o ***parecer,*** ni puede ser reemplazado por el **pronombre** ***lo.***
- Un **adverbio nunca** puede **actuar** como **complemento predicativo.**

4 **Complementos predicativos.** Localiza los C Pvo que aparecen y señala con una flecha a qué sustantivo o pronombre se refieren e indica si estos son el sujeto o el CD de la oración.

Todos ellos permanecieron impasibles.

Eligieron a Juan mejor entrenador del año.

El tren pasa ruidoso por las vías.

Pon derecho ese cuadro.

Si el **C Pvo** modifica al sujeto, se denomina **subjetivo,** y si modifica al CD, **objetivo.**

5 **Falsos predicativos.** Marca con una X las oraciones que presentan un C Pvo. ¿Qué clase de palabras funciona como complemento en las otras oraciones?

- ☐ Se sentía muy mal.
- ☐ Se sentía muy extraño.
- ☐ Camina despacio.
- ☐ La niña se ha quedado dormida.
- ☐ La niña se ha quedado allí.
- ☐ Camina encorvado.

6 **Análisis sintáctico.** Realiza el análisis completo de las siguientes oraciones.

a) Estas ventanas siguen cerradas.

b) Este proyecto es papel mojado.

c) Está muy convencida de su valía.

d) Volvió desalentada de la excursión.

e) La encuentro comprensiva y cariñosa.

f) Tiene bastante ordenados los libros.

8.4. Oraciones atributivas y predicativas

- Las **oraciones** que presentan un **atributo** reciben el nombre de **atributivas.** Las que **no presentan este complemento** se denominan **predicativas.**
- El **complemento predicativo** aparece **exclusivamente** en **oraciones no atributivas.**
- La presencia de los **verbos** ***ser, estar*** y ***parecer*** no es suficiente para que una **oración** sea **atributiva;** solo son tales las que presentan simultáneamente alguno de estos **verbos** y un **atributo:** *Luis es de Granada (granadino)* es una oración **atributiva,** pero *Luis está en Granada* es **predicativa.**

7 **Con y sin atributo.** Distingue los casos en que los verbos *ser, estar* y *parecer* dan lugar a oraciones atributivas y los casos en que no.

a) Estuvo hasta la tarde.

b) Ella era una chica muy pálida.

c) Es la una.

d) ¿No era de Guadalajara?

e) Me parece muy bonito tu vestido.

f) Nunca os pareció bien mi boda.

g) ¡Tus hijos estarán ya muy altos!

h) Ya es bastante.

Las **oraciones** ____________ son **atributivas** y ____________ son **predicativas.**

8 **Tipos de oraciones.** En estas oraciones aparecen los verbos *ser, estar* y *parecer,* pero algunas son atributivas, otras pasivas y otras intransitivas. Indica de cuál se trata cada una.

A las afueras del pueblo está la era. →

Hoy ha sido fallado el premio Planeta. →

Mojácar es un pueblo encaramado en una colina. →

Aquí están los libros más antiguos de esta biblioteca. →

La fuente estaba rodeada de flores. →

No he estado nunca en Madridejos. →

Toda su familia es una enamorada del campo. →

Hemos sido acusados sin motivo, muchacho. →

Este despacho parece siempre desordenado. →

La madre de Daniel es danesa. →

¿A qué hora será la boda? →

Será contratado como abogado muy pronto. →

Sin duda es una buena muchacha. →

Los conductores sin cinturón serán sancionados. →

1 **Localiza en el siguiente texto todos los sintagmas adjetivales que aparezcan y señala con una flecha el nombre al que se refieren.**

A la puerta está Quico, con la mula, esperando al viajero. Quico es un muchacho fuerte, muy lavado y muy peinado, que lleva una camisa limpia, una camisa inmaculada. La madre de Quico se ha levantado a preparar al hijo y a hacer el desayuno al viajero.

La mula de Quico se llama Jardinera, y es castaña, joven, no muy grande; parece una mula de buena clase.

El viajero y su compañía cruzan el Tajo y se meten por un sendero de cabras que sube al montecillo de la Dehesa. [...]

En el monte de la Dehesa la vegetación es dura, balsámica, una vegetación de espinos, de romero [...]; una vegetación que casi no se ve, pero que marea respirarla. No hace todavía calor, aunque el día se anuncia bueno. El aire es transparente. El Tajo, que de cerca es un río turbio y feo, desde lejos parece bonito, muy elegante. Viene haciendo curvas y se ve desde muy lejos siempre rodeado de árboles.

Camilo José Cela
Viaje a la Alcarria, Destino

2 **Subraya en las oraciones los atributos y los complementos predicativos, y aclara de cuál se trata en cada caso.**

a) Quico es un muchacho fuerte. ➜

b) Quico lleva limpia su camisa. ➜

c) La mula de Quico se llama Jardinera. ➜

d) Parece una mula de buena clase. ➜

e) En el monte de la Dehesa la vegetación es balsámica. ➜

f) Es una vegetación de espinos. ➜

g) El día se anuncia bueno. ➜

h) El aire es transparente. ➜

i) El Tajo se ve rodeado de árboles. ➜

3 **¿Qué diferencia el atributo del complemento predicativo? Pon un ejemplo de cada uno.**

4 **Define qué es la oración atributiva y di cuáles de las oraciones del ejercicio 2 lo son.**

5 **Indica si las siguientes oraciones son atributivas o intransitivas.**

a) A la puerta está Quico. →

b) La mula de Quico no es muy grande. →

c) El sendero es de cabras. →

d) De lejos es un río turbio y feo. →

e) De lejos el Tajo parece bonito. →

6 **Explica por qué no son atributivas algunas oraciones del ejercicio anterior.**

7 **Realiza el análisis completo de las siguientes oraciones. Indica si son transitivas, intransitivas, pasivas o atributivas.**

Quico está esperando al viajero.

Jardinera es una mula joven.

La madre prepara el desayuno a su hijo.

El Tajo es cruzado por el viajero.

El camino hacia la Dehesa sube empinado.

La vegetación no se ve.

El río nos parece muy elegante.

No hace demasiado calor.

9 Los complementos del predicado (IV

9.1. El sintagma adverbial

- Un **sintagma adverbial (S Adv)** es aquel que tiene como **núcleo** un **adverbio.**
- Los **adverbios** son **palabras invariables,** es decir, no expresan **ni género ni número.**
- Aunque algunos **adverbios** presentan **formas similares** a las de ciertos **adjetivos,** no puedes confundirlos, ya que estos últimos sí son variables.
- Las **locuciones adverbiales** son **conjuntos** fijos de palabras que **equivalen a un adverbio:** *a solas, a menudo, a veces...*
- Los **adverbios** y las **locuciones adverbiales** indican **distintas circunstancias: lugar** *(aquí, cerca),* **tiempo** *(hoy, tarde),* **modo** *(así, deprisa,* y la mayoría de los acabados en *-mente),* **cantidad** *(mucho, más),* **afirmación** *(sí, también),* **negación** *(nunca, jamás)* y **duda** *(quizás, posiblemente).*

1 Adverbios ocultos. Lee el siguiente fragmento, entresaca los adverbios que aparecen e indica qué expresa cada uno.

Nací en 1632, en la ciudad de York, de una buena familia, aunque no de la región, pues mi padre era un extranjero de Brema que, inicialmente, se asentó en Hull. Allí consiguió hacerse con una considerable fortuna como comerciante y, más tarde, abandonó sus negocios y se fue a vivir a York, donde se casó con mi madre, que pertenecía a la familia Robinson, una de las buenas familias del condado, de la cual obtuve mi nombre, Robinson Kreutznaer. Mas, por la habitual alteración de las palabras que se hace en Inglaterra, ahora nos llaman y nosotros también nos llamamos y escribimos nuestro nombre Crusoe; y así me han llamado siempre mis compañeros.

Daniel DEFOE
Aventuras de Robinson Crusoe, Planeta & Oxford

ADVERBIO	SIGNIFICADO

2 Adverbios y locuciones adverbiales. Elige entre los adverbios del recuadro aquel que equivalga a la locución adverbial de cada una de las frases.

mucho — alocadamente — ciegamente — mientras — rápidamente — verdaderamente

Lo creyó **a pies juntillas.** →

De veras que escribiré. →

En tanto terminas, tomaré un té. →

Hace las cosas **sin ton ni son.** →

Acabó **en un santiamén.** →

Habla **por los codos.** →

9.2. Estructura y funciones del sintagma adverbial

- Además del adverbio que actúa como núcleo, en un sintagma adverbial pueden aparecer:
  - **Otros adverbios** que modifican al núcleo (introducidos a veces por una preposición): *muy lejos, cerca de aquí.*
  - **Sintagmas nominales** precedidos de preposición: *lejos de casa.*
- Los adverbios pueden desempeñar **diferentes funciones:**
  - En los **sintagmas adjetivales,** la de **complemento** del núcleo: *demasiado alto.*
  - En los **sintagmas adverbiales,** la de **complemento** de otro adverbio: *mucho más cerca.*
  - En los **sintagmas verbales,** la de **complemento circunstancial:** *vive ahí.*

3 Sintagmas adverbiales. Localiza los sintagmas adverbiales y analiza su estructura.

Todos estaban profundamente admirados.
N

La dirección aparecía debajo del nombre.

Aún recuerdo bastante bien esos años.

María estaba bastante contenta.

Entonces iniciamos la marcha.

Vive bastante más cerca de la ciudad.

Los lobos iban delante de nosotros.

Nunca llega puntualmente.

El jinete galopó valientemente.

Está siempre bien.

Sonreía mucho más alegre.

Ponte más abajo.

Crecían muy rápidamente.

Quizá llueva hoy.

4 Complemento de... Clasifica los adverbios de la actividad anterior según el tipo de palabra que complementen. Observa el ejemplo.

ADJETIVO	ADVERBIO	VERBO
profundamente (admirados)		

9.3. El complemento circunstancial

- El **complemento circunstancial (CC)** es un **complemento del predicado** que señala las **circunstancias** de la **acción verbal.**
- Los **complementos circunstanciales** aparecen en los predicados de **todo tipo de oraciones** —activas, pasivas, transitivas, intransitivas, atributivas y predicativas—. Puede haber **más de un CC por predicado.**
- Pueden actuar como CC:
  - **Los sintagmas adverbiales,** con o sin preposición: *Desde ahora estudiaré más.*
  - **Los sintagmas nominales,** con o sin preposición: *Esta tarde estudiaré con Juana.*

5 **Reconocimiento del CC.** Subraya los sintagmas que actúan como complementos circunstanciales en las siguientes frases. Indica si son sintagmas nominales o adverbiales.

a) La sesión jamás comienza con puntualidad.

b) Nos reuníamos allí a menudo.

c) Fue en autobús hasta su pueblo.

d) Por su tenacidad ha conseguido un empleo.

e) Mi amiga se retrasó algunos minutos.

f) Tal vez hizo el dibujo con un ordenador.

g) Siempre se divertía mucho con su abuela.

h) Quizá lo resolvió con su inteligencia.

i) Llamó para tranquilizarla.

j) La sonrisa se desvaneció rápidamente de su rostro.

k) Dos de mis hermanos han estudiado en Salamanca.

Recuerda que los sintagmas adjetivales nunca pueden actuar como CC.

TIPOS DE CIRCUNSTANCIALES	
De tiempo (CCT)	*Carlos vino por la mañana.*
De modo (CCM)	*Se portó muy bien.*
De lugar (CCL)	*Lo dejaron en casa.*
De cantidad (CCC)	*Comí demasiado.*
De compañía (CC Comp)	*Fui con Malena.*
De instrumento (CCI)	*Pintaba con las manos.*
De negación (CCN)	*Jamás dijo la verdad.*
De afirmación (CCA)	*Siempre lo sostuve.*
De causa (CC Ca)	*Lloró de la emoción.*
De duda (CCD)	*Quizá puedas ayudarme.*
De finalidad (CCF)	*Vino para la entrevista.*

6 Tipos de CC. ¿De qué tipo es cada uno de los complementos circunstanciales que has subrayado en la actividad 5? Completa la tabla.

Afirmación	
Modo	
Tiempo	
Lugar	
Cantidad	
Causa	
Duda	
Compañía	
Instrumento	
Negación	
Finalidad	

7 Análisis sintáctico. Realiza el análisis sintáctico completo de las siguientes oraciones. Indica en cada caso de qué tipo de oración se trata: transitiva, pasiva, atributiva…

a) Yo lo veo así.

b) José, eso está bien por ahora.

c) Tras el anuncio se quedó perpleja.

d) Chicos, el profesor está abajo.

e) Por su culpa estaba enfadada.

f) A la ida, el vuelo resultó incómodo.

g) Aquí tiene usted una excelente colección.

h) Llamó desde una cabina cercana al hotel.

i) Ayer me quedé completamente inmóvil.

j) ¿Qué trae usted en esa camioneta?

k) La mujer miró curiosa hacia la tienda.

l) El cofre fue escondido tras un árbol.

9 Prueba de evaluación

1 Lee con atención el texto y contesta las cuestiones que se plantean.

Un vecino de la calle Montmany había tomado medidas drásticas para mitigar el bochorno y había sacado un colchón al balcón del piso y dormía a pierna suelta, sin importarle la luz de la farola que le daba directamente encima.

Alba, ajena a todo, permanecía sentada tranquilamente en la cornisa que daba a los patios interiores y de su violín salían las notas más bellas y dulces que yo jamás había oído. [...]

La enorme palmera del jardín de la casa de la calle Encarnación se recortaba misteriosamente en la oscuridad y, de vez en cuando, las cotorras que lo habitaban elevaban el vuelo para posarse en las ramas más altas y desde allí escuchar mejor aquel peculiar concierto nocturno.

Yo inmediatamente me froté los ojos. Tenía que comprobar que no estaba dormida y que todo aquello no era más que un sueño.

¿O es que acaso de repente las cotorras se habían convertido en aves nocturnas? ¿Acaso los perros ahora cantaban como personas...?

Algo raro pasaba y he de confesar que era absolutamente incapaz de comprenderlo. Por eso no quise esperar más y me acerqué a mi hermanita del alma.

Manuel VALLS
Eva, no vayas a Berlín en limousine, Planeta & Oxford

- En el fragmento aparecen tres locuciones adverbiales; escríbelas y explica su significado.

- Subraya todos los adverbios que aparecen en el texto y clasifícalos en la tabla.

MODO	LUGAR	TIEMPO	CANTIDAD	NEGACIÓN	DUDA

- ¿A qué palabra se refiere cada uno de los adverbios encontrados?

Adjetivo

Verbo

Adverbio

2 **¿Qué es un complemento circunstancial? Defínelo y explica qué sintagmas pueden realizar esta función.**

3 **Construye oraciones que incluyan un CC del tipo que se te pide.**

- Tiempo →
- Modo →
- Cantidad →
- Lugar →
- Causa →
- Duda →

4 **Realiza el análisis sintáctico completo de las siguientes frases. Indica también el tipo de oración de que se trata: activa, pasiva, transitiva, intransitiva, atributiva, predicativa.**

a) La luz de la farola le daba directamente encima.

b) Alba permanecía sentada tranquilamente.

c) Yo inmediatamente me froté los ojos.

d) Las cotorras se habían convertido en aves nocturnas.

e) Era absolutamente incapaz de eso.

f) Me acerqué a mi hermanita del alma.

g) Eva, no vayas a Berlín en limousine.

10 Las clases de oraciones

10.1. Modalidades oraciones

Según la **actitud del hablante** se establecen las siguientes **modalidades oracionales:**

- **Enunciativas afirmativas.** Afirman hechos o ideas: *Ramón fue al cine.*
- **Enunciativas negativas.** Niegan hechos o ideas: *Nadie fue al cine.*
- **Interrogativas.** Expresan una pregunta: *¿Fue alguien al cine?*
- **Desiderativas.** Manifiestan un deseo: *¡Ojala Ramón venga al cine!*
- **Imperativas.** Expresan un mandato, una orden o un ruego: *Ven al cine.*
- **Exclamativas.** Transmiten emociones o afectos: *¡Ramón vendrá conmigo al cine!*
- **Dubitativas.** Expresan duda: *Quizá venga Ramón al cine con nosotros.*

1 Oraciones y modalidades. Señala la modalidad oracional de cada una de estas frases.

a) Permaneced atentos al silbato del tren. →

b) Jamás vienen al pueblo antes de las Navidades. →

c) ¿Con quién has hecho este magnífico trabajo de ciencias? →

d) Puede que estén todos en casa de la tía Luisa. →

e) ¡Qué gran alegría va a llevarse tu madre! →

f) Ha venido pronto al teatro para dirigir el ensayo. →

g) ¡Ojalá pudiera verla por un agujerito! →

h) Hay que hacer públicas las listas de candidatos. →

2 Actitudes diferentes. Escribe un ejemplo para cada una de las modalidades oracionales.

Enunciativa afirmativa	
Enunciativa negativa	
Interrogativa	
Desiderativa	
Imperativa	
Exclamativa	
Dubitativa	

3 Identificación de modalidades. Lee atentamente el poema e indica, junto a los versos, las diferentes modalidades que aparecen.

¡Que no quiero verla!
Dile a la luna que venga
que no quiero ver la sangre
de Ignacio sobre la arena.
¡Que no quiero verla!
La luna de par en par.
Caballo de nubes quietas,
y la plaza gris del sueño
con sauces en las barreras.
¡Que no quiero verla!
Que mi recuerdo se quema.
¡Avisad a los jazmines
con su blancura pequeña! [...]
¿Quién me grita que me asome?
No me digáis que la vea.

Federico GARCÍA LORCA
Obras completas, Aguilar (Adaptación)

- Escribe un ejemplo de cada una de las modalidades que no aparecen en el poema.

4 Signos y modalidades. Lee el texto y, después, escribe los signos de puntuación que indican la modalidad de cada oración.

— Qué buen día hace hoy Me encantan estos días soleados del invierno, sin una sola nube en el cielo Niña, a ti no te gustan

— Claro que me gustan, pero es que hace muchísimo frío El sol apenas calienta. Podríamos irnos al hotel

— Ojalá pudiéramos, pero hasta las doce no tenemos habitación No quieres que demos un paseo hasta la plaza mayor

—No. Vayamos a ese bar a tomar un café. Vienes

—Espera. Voy a sacar una fotografía del lugar.

- Señala debajo de cada oración la modalidad que representa.

10.2. Clases de oraciones según la estructura sintáctica

- Por el **tipo de sujeto** que presentan, las oraciones se clasifican en:
  - **Impersonales.** No tienen sujeto expreso ni puede ser recuperado: *Tronó en la sierra.*
  - **Activas.** El sujeto realiza la acción verbal: *Todos alabaron al diseñador.*
  - **Pasivas.** El sujeto recibe o padece la acción verbal. Pueden ser **pasivas puras** (llevan el verbo en voz pasiva: *El diseñador fue alabado por todos*) o **pasivas reflejas** (construidas con la partícula *se* y el verbo en voz activa: *Se cometen errores*).
- Según los **complementos del predicado,** las oraciones pueden ser:
  - **Atributivas.** Se construyen con los verbos *ser, estar* o *parecer* y presentan siempre un atributo, esto es, tienen un predicado nominal: *Parecía contento; Está alegre; Es feliz.*
  - **Predicativas.** Son las oraciones que no son atributivas y poseen, por tanto, un predicado verbal: *Llegó feliz; Está en Valencia.*
  - **Transitivas.** Presentan un complemento directo: *Hemos comprado muchos libros.*
  - **Intransitivas.** No poseen complemento directo: *Hemos estado de vacaciones.*

5 **Clases de oraciones según el sujeto.** Subraya el sujeto de las siguientes oraciones, si existe, y marca, en cada caso, si se trata de una oración impersonal, activa o pasiva.

	Impersonal	Activa	Pasiva
Estaremos allí dentro de unos minutos.	☐	☐	☐
Es la hora de la comida.	☐	☐	☐
Blancanieves fue maltratada por su madrastra.	☐	☐	☐
¿Es tarde?	☐	☐	☐
El fin de semana ha habido tormentas en la sierra.	☐	☐	☐
¿Quién ha sido el culpable?	☐	☐	☐

6 **Clases de oraciones según el CD.** Indica si las siguientes oraciones son transitivas (T) o intransitivas (I). Para ello, comprueba si tienen o no CD; en caso afirmativo, subráyalo.

Presentó a su novio a sus amigos. ☐
Hubo un baile de disfraces de carnaval. ☐
Fueron a visitarla. ☐
Se fueron a París ayer. ☐
Retornaron sonrientes del paseo. ☐
Voces de alegría brotaron del fondo. ☐
Ninguno de los jóvenes se lo dijo. ☐
¿Habéis visto el arco iris? ☐

7 Atributos y complementos directos. Indica si cada una de estas oraciones es atributiva o transitiva. Para ello, localiza y subraya el atributo o el CD, respectivamente.

	Atributiva	Transitiva
¿Has oído a la Joven Orquesta Gallega?	☐	☐
Te he dejado el libro sobre la mesa.	☐	☐
Está loco de remate.	☐	☐
Normalmente, los padres están satisfechos de sus hijos.	☐	☐
Aquella biblioteca contenía un gran número de volúmenes.	☐	☐
Todos ellos estaban asombrados de su eficacia.	☐	☐
¿No te parece muy caro este hotel?	☐	☐
Toca muy bien el piano.	☐	☐

8 ¿Atributivas o intransitivas? Fíjate si las siguientes oraciones tienen o no atributo y señala si son atributivas o intransitivas.

Todas sus pertenencias estaban en la maleta robada. →

Esas afirmaciones, ¿son de verdad? →

¿A qué hora estarás preparada, María? →

Quizá sea demasiado alto. →

Le pareció muy interesante tu propuesta. →

¿No estás orgullosa de tu esfuerzo? →

Los niños estarán por ahí. →

Tu hermano se parece mucho a ti. →

9 En resumen... Completa las siguientes afirmaciones sobre las clases de oraciones según las estructuras sintácticas.

- Atendiendo al **tipo de sujeto,** las oraciones pueden clasificarse en ______________ ______________ o ______________
- Hay dos clases de **oraciones pasivas:** las ______________ y las ______________
- Las **oraciones atributivas** se construyen con ______________ ______________
- Las oraciones ______________ **nunca** presentan un **atributo.**
- Si una oración tiene un **complemento directo,** es ______________ ; si no lo tiene, es ______________

10 **Análisis sintáctico.** Realiza el análisis sintáctico de las siguientes oraciones.

a) ¡Durante el verano pasado hubo muchas nubes en el horizonte!

b) ¿Le ha colocado el traumatólogo una escayola a Rodrigo?

c) En verano almorzamos todos los días en la playa.

d) Las paredes no habían sido pintadas con pintura plástica.

e) Bajad despacio la cuesta de la ermita de San Roque.

f) Todas las chimeneas estaban negras por el humo.

g) Tal vez lleguen en el tren Ave de las tres.

- Clasifica las oraciones anteriores según la actitud del hablante y la estructura sintáctica.

	Por la actitud del hablante	Por la estructura sintáctica
a)		
b)		
c)		
d)		
e)		
f)		
g)		

11 Poemas y oraciones. Indica qué tipo de oración es, por su estructura y modalidad, cada uno de estos poemas de Antonio Machado.

Sentía los cuatro vientos,
en la encrucijada
de su pensamiento.

Estructura →

Modalidad →

Cantores, dejad
palmas y jaleo
para los demás.

Estructura →

Modalidad →

A las palabras de amor
les sienta bien su poquito
de exageración.

Estructura →

Modalidad →

12 Oraciones por encargo. Construye una oración para cada uno de los tipos que se te indican a continuación.

- Impersonal, predicativa, transitiva; enunciativa afirmativa.
- Activa (con sujeto omitido), predicativa, transitiva; desiderativa.
- Pasiva pura; exclamativa.
- Activa, predicativa, intransitiva; dubitativa.
- Atributiva; imperativa.
- Impersonal, predicativa, intransitiva; enunciativa negativa.

Prueba de evaluación

1 **Lee con atención el texto y resuelve las cuestiones que se plantean.**

La celda estaba sombría y fresca. Siempre en silencio, Marfisa encendió las velas de los candelabros, hasta dejar la celda medianamente alumbrada.

La Reina se había desvelado, y la miraba con expectación.

—Señora, yo marcharé en seguida. Ciérrese con llave, y no abra hasta que alguien llame tres veces con los nudillos. Y si Vuestra Majestad me lo permitiera, yo le daría algún consejo.

—¿Es indispensable?

—No, Majestad, pero quizá fuese conveniente.

—Un consejo, ¿sobre qué?

—Sobre su manera de portarse cuando venga el Rey.

La Reina quedó en silencio y la miró. Marfisa permanecía medio cubierta con el velo.

—Desearía que os desvelarais, hermana.

Marfisa se descubrió y aguantó la mirada escrutadora de la Reina.

—¡Sois muy bella!

—Eso no importa, Majestad.

Gonzalo TORRENTE BALLESTER
Crónica del rey pasmado, Planeta (Adaptación)

- Completa la afirmación del recuadro.

Las **modalidades oracionales** son las clases de oraciones que se establecen en función de ______________________________ ante lo que dice.

- Define las distintas modalidades oracionales. Utiliza las oraciones subrayadas en el texto como ejemplo de cada una.

Enunciativa afirmativa	
Enunciativa negativa	
Interrogativa	
Exclamativa	
Imperativa	
Desiderativa	
Dubitativa	

2 **Explica los siguientes tipos de oraciones y pon un ejemplo de cada una.**

- Oración impersonal:

- Oración transitiva:

- Oración intransitiva:

- Oración atributiva:

3 **Analiza sintácticamente las oraciones e indica de qué tipo son según su estructura.**

a) La celda estaba sombría y fresca.

b) Marfisa encendió en silencio las velas de los candelabros.

c) La Reina la miraba con expectación.

d) La celda quedó medianamente alumbrada.

e) Siempre hay silencio en la celda.

f) Alguien llamará tres veces con los nudillos.

g) Eso no importa, Majestad.

11 La oración compuesta

11.1. Oración compuesta y proposición

- Una **oración compuesta** es aquella que consta de **más de una proposición:** *(Aunque el viento soplaba fuertemente), (aún no hacía frío).*
- Una **proposición** equivale a una oración simple; tiene una **estructura de sujeto-predicado:** *El viento soplaba fuertemente.*
- Existen también **proposiciones impersonales:** *Aún no hacía frío.*
- Para formar una oración compuesta, las **proposiciones pueden unirse:**
  - **Por medio de nexos:** *El viento soplaba fuertemente, pero aún no hacía frío.*
  - **Directamente, por yuxtaposición:** *El viento soplaba fuertemente; aún no hacía frío.*
- Las **proposiciones** que forman una **oración compuesta** pueden estar relacionadas por **coordinación** o por **subordinación.**

1 **Oraciones y proposiciones.** Lee el poema y realiza las actividades que se proponen.

Tarde de lluvia

En nuestra calle llueve
sobre las hojas muertas.
La lluvia es una historia
que me cuenta la tarde.
Los paraguas son dóciles
relojes de un crepúsculo
que comienza muy lejos,
en las otras aceras
de una calle sin mí.
Igual que en la ciudad
de nuestros ojos fijos,
oscurece en la calle
de mis hojas de otoño.
Oscurece sin ti.

Joan MARGARIT
Poesía amorosa completa, Hiperión

- Separa con corchetes [ ] las oraciones del poema.
- Copia, a continuación, las oraciones que sean compuestas. Sepáralas en proposiciones y rodea el nexo que sirve de enlace.

- Transforma las oraciones simples del poema en oraciones compuestas. Puedes añadir palabras o inventar nuevas frases.

11.2. La coordinación

- Las **proposiciones coordinadas** son aquellas que se sitúan en el **mismo nivel sintáctico** y, por tanto, pueden **funcionar independientemente:** *He perdido el autobús y he venido a pie desde casa. > He perdido el autobús. He venido a pie desde casa.*
- Según las **relaciones semánticas** entre ellas, las coordinadas pueden ser:
  - **Copulativas.** Se suman una a la otra. Los nexos que se emplean son ***y (e)***, para las copulativas afirmativas, y ***ni***, para las negativas: *Llegamos y nos tumbamos en el sofá; Ni vimos la televisión ni escuchamos música.*
  - **Disyuntivas.** Expresan ideas contradictorias o posibilidades alternativas. Los nexos son ***o (u)***, y la locución conjuntiva ***o bien:*** *¿Vamos o nos quedamos?*
  - **Adversativas.** Una proposición restringe el significado de la otra. Los nexos son ***pero, mas, sino, sin embargo, no obstante:*** *Llovía, pero salimos de paseo.*
  - **Explicativas.** Una proposición aclara lo que dice la otra. Los nexos son ***esto es, es decir, o sea:*** *Esta catedral es del siglo XIV, es decir, pertenece al gótico.*
  - **Distributivas.** Se ofrecen acciones alternativas. Las distributivas se presentan yuxtapuestas o mediante fórmulas correlativas: ***ya… ya, bien… bien, unos… otros, este… aquel; aquí… allí:*** *Unos venían a pie; otros lo hacían en coche.*

2 Oraciones coordinadas. Subraya las proposiciones que forman las siguientes oraciones compuestas e indica el nexo y el tipo de coordinación.

a) Quería pasar inadvertido, pero todos lo vieron.

Nexo: **Tipo de coordinación:**

b) Su voz era confusa y sonaba algo ronca.

Nexo: **Tipo de coordinación:**

c) Llamó a la puerta, pero no hubo respuesta.

Nexo: **Tipo de coordinación:**

d) ¿Viene usted solo o está acompañado?

Nexo: **Tipo de coordinación:**

e) Ni me quejo ni busco compasión.

Nexo: **Tipo de coordinación:**

f) Nos dirigimos al salón y nos sentamos en un confortable sofá.

Nexo: **Tipo de coordinación:**

g) No discutí su planteamiento, es decir, lo acepté de buen grado.

Nexo: **Tipo de coordinación:**

h) Aquí compraremos postales; allí adquiriremos el chocolate.

Nexo: **Tipo de coordinación:**

i) ¿Lo llevas ahora, o bien lo dejas aquí?

Nexo: **Tipo de coordinación:**

Recuerda que una proposición coordinada no realiza ninguna función gramatical en la otra proposición.

3 Sintagmas y proposiciones. En las siguientes oraciones compuestas, las conjunciones enlazan, en unos casos, sintagmas y, en otros, proposiciones. Rodea los nexos, subraya los sintagmas y delimita con paréntesis las proposiciones.

a) Entró en el local y se desprendió de su abrigo.

b) Dejó su abrigo y su sombrero en el guardarropa y se sentó a la mesa.

c) ¿Le harán un lavado de estómago o lo operarán?

d) Lo conocían por su mote o apodo, pero nadie sabía su nombre.

e) Unos y otros estaban equivocados; sin embargo, ninguno lo reconocía.

f) En el casino, unos jugaban al ajedrez, otros echaban una partida de dominó.

g) La representación va a salir muy bien, o sea, obtendréis un gran éxito.

h) La profesora de Lengua, o sea, doña Pilar, llegará hoy tarde; no obstante, pondrá el examen.

4 Poesía y coordinadas. Estos fragmentos de poemas de *En las orillas del Sar*, de Rosalía de Castro, incluyen oraciones compuestas por coordinación. Encierra entre paréntesis las proposiciones y completa con el nexo y el tipo de coordinación.

I

Unos con la calumnia le mancharon,
otros falsos amores le han mentido.

II

Ya no brota la hierba, ni florece el narciso,
ni en los aires esparcen su fragancia los lirios.

III

De cuando en cuando de la lluvia el sordo
rumor suena, y el viento
al pasar por el bosque silba o finge lamentos.

IV

Mas tú, engañada recordando al muerto,
pero también del vivo enamorada,
te olvidaste del cielo y de la tierra
y condenaste el alma.

	Nexo	Tipo de coordinación
Fragmento I		
Fragmento II		
Fragmento III		
Fragmento IV		

11.3. La subordinación

- En las **oraciones compuestas por subordinación,** la relación entre las proposiciones es de **dependencia sintáctica:** una proposición cumple una **función gramatical** en otra.
- Hay tres tipos de subordinadas:
  - **Adjetivas.** Se comportan como un adjetivo adyacente.
  - **Sustantivas.** Cumplen funciones propias del nombre: sujeto, atributo, CD, CI, C Rég...
  - **Adverbiales.** Se comportan en la otra proposición como un adverbio.

5 Prueba de conmutación. Sustituye, como se muestra en el ejemplo, la proposición subordinada por un adjetivo, un nombre o pronombre, o un adverbio para descubrir el tipo de proposición subordinada de que se trata.

a) Expuso lo que pensaba frente a toda la concurrencia.

Expuso eso frente a toda la concurrencia. → Proposición subordinada sustantiva.

b) Fuimos hasta donde terminaba el glaciar.

c) Me asusta que haya tormenta.

d) Fue arreglado el toldo que se había estropeado.

e) La libreta que han traído de Venecia es de papel de aguas.

f) Desde que llegué del pueblo he estado acatarrado.

6 Sustitución por subordinadas. Convierte en oración compuesta la oración simple transformando en proposición las palabras subrayadas. Señala qué tipo de subordinada es cada una de las creadas.

a) Emilio explicó los cambios. → **Emilio explicó qué cambios se harán. → Subordinada sustantiva.**

b) Me agradó tu felicitación.

c) Entonces era feliz.

d) Lo guardé en el cajón más alto.

e) Gira hacia la casa.

f) Las verduras, destrozadas por la helada, no pueden ser vendidas.

11.4. Proposiciones subordinadas adjetivas

- Las **proposiciones subordinadas adjetivas (PS Adj)** cumplen la función de **adyacente** del **nombre** o el **pronombre** al que se refieren, que es su **antecedente.**
- Actúan como **nexos** de subordinadas adjetivas:
  - Los **pronombres relativos** *que (el, la, los, las que), cual / cuales (el, la, los, las cuales), quien / quienes.*
  - Los **adverbios relativos** *donde, cuando, como.*
  - Los **determinantes relativos** *cuyo, cuya, cuyos* y *cuyas.*
- La presencia de alguno de estos **nexos no asegura,** sin embargo, que **la proposición sea una subordinada adjetiva:** recuerda que **debe aparecer un antecedente.**

7 **Reconocimiento de nexos.** Rodea el nexo e indica si se trata de un pronombre relativo o de una conjunción.

a) Espero leer pronto el libro que me regalaron.

b) Dile que no se olvide de mi bañador.

c) Ve a casa para que te saluden los abuelos.

d) El camino por el que hemos venido es muy abrupto.

e) Es tan testarudo que siempre se sale con la suya.

f) Esta es la pistola con la que se cometió el asesinato.

g) Su padre no quería que llegáramos tarde.

h) Había más público en las gradas que hubo el año pasado.

i) Llegamos a la plaza que constituía el centro de la ciudad.

j) Han traído un ramo de flores para el señor que vive arriba.

Prueba de reconocimiento

El pronombre relativo ***que*** puede sustituirse por *el cual, la cual...,* mientras que la conjunción ***que*** no puede hacerlo: *La casa que compré es vieja > La casa, la cual compré, es vieja; Dijo que llegaría tarde > *Dijo el cual llegaría tarde.*

- ¿Cuáles de las oraciones anteriores incluyen una proposición adjetiva? Escribe cada una de las proposiciones y señala el antecedente.

8 **Subordinadas adjetivas.** Localiza las proposiciones adjetivas que aparecen en las siguientes oraciones y señala en cada una el antecedente.

a) No sé cuándo vendrán.

b) En el año en que me operaron falté mucho a clase.

c) Cuando era joven tenía mucha fuerza.

d) El aula que tenemos es muy fría.

e) Pregunta a tu hermana dónde están las llaves.

f) ¡Vamos a ir al balneario donde pasamos las vacaciones el año anterior!

g) Preguntan por el hombre cuyo maletín ha desaparecido.

h) No me gustaron las cosas que dijiste.

i) El chico con quien hablaste se ha olvidado de mi encargo.

j) Entregaron los documentos a quienes los solicitaron.

9 **Análisis sintáctico.** Copia las oraciones compuestas por subordinación adjetiva que hayas encontrado en el ejercicio anterior y analízalas tal como se muestra en el ejemplo.

Los	magnolios	que planté el año pasado	florecieron	esta primavera.
Det (Art)	N (Sust)	Ady (PS Adj)	N (V)	CCT (SN)
S (SN)			P (SV)	

11.5. Proposiciones subordinadas sustantivas

- Las **proposiciones subordinadas sustantivas (PS Sust)** cumplen las **funciones** propias de un **sintagma nominal** (sujeto, aposición, complemento directo, indirecto y de régimen, complemento agente, atributo, complemento del núcleo de un SN, un S Adj o un S Adv).
- Actúan como nexos de las subordinadas sustantivas:
  - Las **conjunciones** *que* y *si.*
  - Los **pronombres** y **adverbios interrogativos** *qué, quién, cuándo, cómo, dónde…*
- Algunas subordinadas **sustantivas con el verbo en infinitivo** pueden estar construidas **sin nexo:** *Deseaba salir pronto de viaje; Se preguntaba qué hacer.*

10 **Función de las subordinadas.** Sigue el modelo y aplica la prueba para reconocer si son sustantivas las proposiciones subrayadas. A continuación, indica cuál es la función sintáctica que cumplen.

a) Creo que era una mujer muy hermosa.

Creo eso > Lo (CD) creo → **Subordinada sustantiva con función de CD.**

b) Aprobarás si te esfuerzas un poco.

c) Ya he contado lo que sabía.

d) ¡Dios sabe dónde estará!

e) Preguntó si había agua caliente.

f) No es fácil responder a esa pregunta.

g) Hoy ha vuelto el vendedor que vino ayer.

h) El lugar por el que paseábamos era una finca particular.

i) Ordenó a un funcionario que preparase los impresos.

j) El médico me ha recetado un bálsamo que alivia el dolor muscular.

Prueba de reconocimiento

Sustituye la proposición subordinada sustantiva por los pronombres ***eso*** o ***esto*** y comprueba qué función sintáctica realiza. *No sabía a qué hora era el concierto > No sabía eso > No lo* (CD) *sabía.* → Proposición subordinada sustantiva con función de CD.

11 Reconocimiento de subordinadas sustantivas. Subraya en las siguientes oraciones las subordinadas sustantivas y, en su caso, rodea el nexo.

a) Eso fue lo que me dijo.

b) No sé por qué lo has hecho.

c) Me alegro de que le guste el pastel.

d) Es posible que eso sea verdad.

e) Hoy le dan el premio a quien ha ganado.

f) Es inútil que hayamos venido aquí primero.

g) Fue incapaz de disimular su satisfacción.

h) Mañana intentaré llegar pronto.

12 Análisis sintáctico. Copia las oraciones de la actividad anterior y realiza su análisis siguiendo el modelo.

(SO: Ellos / Ellas)

No nos dijeron cuándo traerían el frigorífico.

No	nos	dijeron	cuándo traerían el frigorífico.
CNN (Adv)	CI (Pron)	N (V)	CD (PS Sust)
P (SV)			

a)

b)

c)

d)

e)

f)

g)

h)

13 Tus proposiciones. Completa estas oraciones con subordinadas sustantivas que cumplan la función que se indica entre paréntesis.

- Pilar es ______________________ **(Atributo)**
- Me informó de ______________________ **(C Rég)**
- He comprado ______________________ **(CD)**
- Le ragalaron un perro ______________________ **(CI)**
- Felipe, ______________________, aprobó. **(Aposición)**

11.6. Proposiciones subordinadas adverbiales

- Son **proposiciones subordinadas adverbiales (PS Adv)** aquellas que actúan en otra proposición como **complemento circunstancial.**
- Algunas adverbiales se refieren al **verbo principal,** y otras, a todo el **predicado.**
- Las **subordinadas de tiempo, modo** y **lugar** admiten la **sustitución** de toda la proposición subordinada por un **adverbio** de **tiempo, modo** o **lugar,** respectivamente: *Llegó cuando abrían* > *Llegó entonces; Hizo el potaje como le habían enseñado* > *Hizo el potaje así; Quedaron donde vivían sus abuelos* > *Quedaron allí.*
- Hay otras **subordinadas adverbiales** que **no admiten la sustitución** por un **adverbio:**
  - **Comparativa.** Indica superioridad, inferioridad o igualdad: *He gastado más hoy que lo que tú has gastado en un mes.*
  - **Causal.** Señala la causa: *Ese palacio no me gusta porque es muy rococó.*
  - **Consecutiva.** Expresa una consecuencia: *No he terminado, así que no puedo salir.*
  - **Condicional.** Manifiesta una condición para que se realice lo indicado en la proposición principal: *Si acabas pronto, ven a recogerme a casa.*
  - **Concesiva.** Presenta un obstáculo: *Aunque llegué a tiempo, no me dejaron entrar.*
  - **Final.** Señalan la finalidad de la acción principal: *Fui al mercado para hacer la compra.*
- Estas subordinadas pueden llevar el **verbo conjugado** o en **gerundio, infinitivo** o **participio.**

14 **Subordinadas adverbiales y nexos.** Redondea los nexos y subraya las subordinadas. Señala, en cada caso, de qué tipo de subordinada adverbial se trata (temporal, causal, concesiva...).

a) Había una anciana allí cuando se declaró el incendio. →

b) Hoy no saldremos porque hace muy mal tiempo. →

c) El mayordomo tiró del cordón para descorrer las cortinas. →

d) Este año habrá menos nieve que la que cayó el año pasado. →

e) Aunque superó todas las pruebas, no obtuvo plaza. →

f) Instaló el aparato como explicaban las instrucciones. →

g) Se quedó a vivir donde habían nacido sus padres. →

h) Tiene un fuerte gripazo; por consiguiente, no irá al trabajo. →

i) Si sigue nevando, se necesitarán cadenas en los puertos. →

15 **Analisis sintáctico.** Analiza sintácticamente las siguientes oraciones siguiendo los modelos. A continuación, completa la tabla.

a) Cuando hubo mirado todos los papeles, los depositó en la carpeta.
(Nx: Cuando) (SO: Él / Ella)
CCT (PS Adv) | CD (SN) | N (V) | CCL (SN)
P (SV)

b) En nuestro garaje caben tantos coches como hay en el tuyo.
(Nx: como)
CCL (SN) | N (V) | D | N | PS Adv Comp
P (SV) | S (SN) | P (SV)

c) La muchacha torció el gesto lanzándole una mirada asesina.

d) Aunque se le veía ojeroso, había dormido bien toda la noche.

e) Alcé la vista para observarla con detenimiento.

f) El dueño de esa tienda está asustado porque fue víctima de un atraco.

g) No vayas por donde no haya luz.

h) Si quieres un bocadillo, ve a comprar el pan a la panadería.

LUGAR	COMPARATIVA	CAUSAL	TIEMPO	MODO	FINAL	CONDICIONAL	CONCESIVA
			a)				

11 Prueba de evaluación

1 **Lee el texto y extrae un ejemplo de los tipos de proposiciones que se piden.**

Cosas de Heráclito

Decía el viejo Heráclito: «Nadie puede bañarse
dos veces en el mismo río, pues todo fluye».
Y también: «No podrías recorrer los dominios
del alma, ni escapar de un sol que no se pone».
Si solo fuera eso, no tendría importancia,
pero dice otra cosa que golpea mi mente
cada vez con más fuerza y me tiene hecho polvo:
«El camino hacia arriba y hacia abajo es el mismo».

Luis Alberto DE CUENCA
Por fuertes y fronteras, Visor

- Coordinada copulativa afirmativa →
- Coordinada copulativa negativa →
- Coordinada adversativa →
- Subordinada causal →
- Subordinada adjetiva →
- Subordinada condicional →

2 **Convierte la oración *Decía el viejo Heráclito: «Nadie puede bañarse dos veces en el mismo río»*, sustituyendo los dos puntos por la conjunción *que*.**

- ¿Qué función desempeña la proposición introducida por *que*?
- ¿De qué tipo de proposición se trata?

3 **¿Qué clases de coordinadas faltan en el ejercicio 1? Escribe un ejemplo de cada una.**

4 **En la siguiente lista de oraciones hay proposiciones subordinadas adjetivas, sustantivas y adverbiales.**

- Subraya la proposición subordinada.
- Indica el tipo y la función sintáctica.

	Tipo	Función
a) Deberíamos contratar a alguien para hacer la mudanza.		
b) Permaneció allí hasta que ella acabó su explicación.		
c) Ignoramos si ha llamado alguien.		
d) Me gustaría que fueseis más ordenados.		
e) Pidió que alguien la acompañara.		
f) Le haré a usted una seña si necesito algo más.		
g) Ese camarero es tan amable que cautiva a los clientes.		
h) Hoy no saldremos porque hace muy mal tiempo.		
i) La casa que compró no tiene ascensor.		
j) Anoche se fue la luz, así que no pude estudiar.		
k) El fuego no ardía porque la leña estaba húmeda.		
l) No han recibido la carta que les envié.		
m) ¿Se conformó con lo que le pagaron?		
n) Son tan puntuales que debo darme prisa.		
ñ) No dio ninguna respuesta a quienes le preguntaban.		
o) Tuvo la seguridad de que su familia lo apoyaría.		
p) Aquella es la montaña donde se produjo el alud.		
q) Todos dirigieron la vista hacia donde se ponía el sol.		

12 El léxico

12.1. Estructura de las palabras. Familias léxicas

- Por su **formación**, las palabras pueden ser:
  - **Simples.** Constan de raíz y pueden o no llevar desinencias: *mesa, limon-es.*
  - **Derivadas.** Constan de raíz y afijos (prefijos o sufijos): *in-cierto; sop-era; pre-nupci-al.*
  - **Compuestas.** Se forman con más de una raíz: *ciem-piés.*
  - **Acrónimos.** Se forman con las letras iniciales o fragmentos de otras palabras: *DNI (documento nacional de identidad).*
- Todas las palabras que tienen una **misma raíz** constituyen una **familia léxica:** *trigo, trigal, trigueño.*
- Las palabras de una familia léxica pueden presentar **distinta categoría gramatical:** *raya* (sustantivo), *rayar* (verbo), *rayado* (adjetivo)…

1 Familias de palabras. Agrupa por familias léxicas las palabras del recuadro.

vestir, cortés, bastonazo, bañera, carro, vestidor, bastón, velamen, carruaje, bastoncillo, corte, investidura, carroza, vela, cortesano, carril, bañista, cortejar, bañador, velero, baño, vestimenta.

2 Formación de palabras. Escribe, a continuación, las palabras simples de la actividad anterior.

- ¿Por qué procedimiento se han formado el resto de las palabras?

3 Falsos acrónimos. En la siguiente lista de palabras compuestas se han colado tres acrónimos. Para descubrirlos, rodea las raíces que componen cada palabra.

tragaluz	uci	portalápices	parachoques
siemprevida	bocacalle	sida	guardarropa
buenaventura	limpiabotas	altavoz	teléfono

12.2. El campo semántico

- Las **palabras que comparten** un **contenido común** forman un **campo semántico:** *fútbol, atletismo, natación, ciclismo* pertenecen al campo semántico de los deportes.
- Las palabras que **integran un campo semántico** pertenecen todas a la **misma categoría gramatical:** sustantivos, adjetivos, verbos...

4 Campos semánticos. Las siguientes series de palabras pertenecen a un mismo campo semántico. Explica por qué.

- *Raíz, semilla, hoja, flor, tallo* pertenecen al mismo campo semántico porque ____________
- *Montaña, volcán, llanura, cordillera, meseta* pertenecen al mismo campo semántico porque ____________
- *Padrino, hermana, sobrina, abuelo, cuñado* pertenecen al mismo campo semántico porque ____________
- *Vehículo, carruaje, tranvía, globo, lancha* pertenecen al mismo campo semántico porque ____________
- *Falda, camiseta, pantalón, chaleco, blusa* pertenecen al mismo campo semántico porque ____________

5 Palabras de otro origen. En cada una de las siguientes listas sobra una palabra porque no pertenece al mismo campo semántico. Subráyala.

- Arriba, abajo, bien, dentro, fuera.
- Blando, dulce, ácido, salado, agrio.
- Francia, Italia, España, Suiza, Londres.
- Leche, carne, jugo, zumo, caldo.
- Pulir, fregar, barrer, abrillantar, cocinar.
- Interés, préstamo, renta, deuda, barra.

6 Buscar palabras. Escribe al menos cinco términos que respondan a cada uno de estos campos semánticos.

Emociones →

Profesionales de la salud →

Materiales de construcción →

Verduras →

Trabajos del campo →

12.3. Sinónimos

- Son **palabras sinónimas** las que presentan una **forma diferente,** pero tienen un **significado similar** o **idéntico:** *engaño, mentira, embuste.*
- Una palabra es sinónima de otra si se pueden **intercambiar** en una frase **sin que se modifique el sentido** de la misma.

7 **Palabras intercambiables.** Localiza entre las palabras del recuadro los dos sinónimos que corresponden al término destacado en cada frase.

delicado	adinerado	exquisito	rápido	leve	enfermizo	acaudalado	sabroso	ligero

Era un hombre sumamente **rico.** →

El pollo está verdaderamente **rico.** →

¿No tenías un **débil** resfriado? →

Su trato es **refinado.** →

Es un chico **débil.** →

Su paso es **veloz.** →

8 **Buscando sinónimos.** Localiza un sinónimo para cada una de las palabras destacadas en el texto y escríbelo. No olvides que no debe cambiar el sentido de la frase.

Oculto (__________) entre los pinos, Sándor había visto (__________) cómo Corazón de Hierro, después de hablar (__________) con aquel viejo (__________) tan extraño (__________) al que había salvado (__________) de los camelucos, lo ayudaba a subir (__________) al caballo de refresco y luego (__________) continuaban (__________) juntos por el camino (__________) que se dirigía al este. El viejo parecía guiar (__________) al caballero. El escudero los había seguido, mientras soñaba despierto.

Soñaba, con gran lujo (__________) de halagadores (__________) detalles, que de pronto (__________) Corazón de Hierro se hallaría (__________) en grandes dificultades y que él, Sándor Kalicsa, lo salvaría... No solo lo salvaría porque el almogávar hubiera llegado a ser una de las personas a las que más quería (__________) —tanto como a aquella maravillosa (__________) princesa mongola de quien Sándor era paje—, sino que lo haría también para que lo perdonara (__________) por haber dejado (__________) momentáneamente a la princesa y por haberlo seguido (__________) en secreto desde el campamento.

Víctor Mora
El castillo de lava negra, Planeta & Oxford

12.4. Antónimos

- Son **antónimos** las palabras que expresan **significados opuestos.**
- La **antonimia** puede mostrar distintas relaciones entre los términos:
  - **Elementos de una gradación.** Son opuestos los términos extremos de una serie: *bueno* / *malo.*
  - **Términos excluyentes.** La afirmación de un término implica la negación del otro: *subir* / *bajar.*
  - **Recíprocos.** La existencia de un término implica la del otro: *dar* / *recibir.*

9 **Palabras opuestas.** Escribe el antónimo correspondiente a la palabra destacada.

Era un hombre sumamente **rico.** →

El pollo está verdaderamente **rico.** →

¿No tenías un **débil** resfriado? →

Su trato es **refinado.** →

Es un chico **débil.** →

Su paso es **veloz.** →

10 **Buscando antónimos.** Localiza un antónimo para cada una de las palabras destacadas en el texto y escríbelo. Recuerda que el texto debe seguir teniendo sentido.

Valentín se echó a ***reír*** *(__________) y me* ***abrazó*** *(__________).*

—Te envidio —añadió con un ***hilo*** *(__________) de voz.*

—¿Por qué? —me extrañé.

—No preguntes tanto, ¿vale?

Y esa es la imagen que guardo en mi memoria de Valentín. Un chaval listo como el hambre, ***generoso*** *(__________) como* ***pocos*** *(__________), que iba por la vida de un lado a otro corriendo como un desesperado, y al que no le gustaba demasiado dar explicaciones.*

Al ***salir*** *(__________) a la calle* [casa], *el* ***frío*** *(__________) me azotó el rostro e instintivamente me* ***levanté*** *(__________) las solapas del abrigo para* ***cubrirme*** *(__________). Todo estaba aún a* ***oscuras*** *(__________) y no se oía el menor ruido en el pueblo.* ***Levanté*** *(__________) los ojos y vi que el* ***cielo*** *(__________) estaba cubierto por un tupido manto de* ***tinieblas*** *(__________); pensé que todavía debía faltar bastante para el* ***amanecer*** *(__________).*

Manuel Valls y Norberto Delisio
Caminar sobre hielo, Planeta & Oxford

12.5. La polisemia

- Las **palabras polisémicas** son las que poseen **más de un significado**: *Fernando es muy casero; Tengo que pagar al casero.*
- El **significado exacto** de una palabra polisémica **se deduce** del resto de las **palabras de la frase.**

11 Oraciones y palabras polisémicas. Estas palabras son polisémicas. Construye con cada una dos frases en las que ofrezcan significados distintos.

Helado

Película

Patilla

Mano

Nota

Listo

12 ¿Qué significa? Explica el significado de la palabra *cuco* en cada una de estas frases.

¡Qué cuco! Se hizo con las entradas sin pagar un euro. →

El cuco coloca sus huevos en nidos de otras aves. →

¡Este niño ya no cabe en el cuco! Debe dormir en cuna. →

¡Se ha comprado un dormitorio muy cuco! →

El abuelo me ha regalado su reloj de cuco. →

13 Chiste polisémico. Explica el fenómeno de la polisemia apoyándote en el siguiente chiste.

12.6. El cambio semántico

- A lo largo de la historia de la lengua, algunas **palabras cambian su significado**, pero **mantienen su forma.** Este proceso se denomina **cambio semántico.**
- Los cambios semánticos se producen por diversas razones:
  - **Modificaciones de la realidad:** *plantilla* (en informática).
  - **Especialización** de la palabra **en ciertas áreas:** *alto* (en música).
  - Uso en determinados **grupos sociales:** *pasta* (entre los jóvenes).
  - **Empleo metafórico:** *gallina* («persona cobarde»); o **metonímico:** *Me comí dos platos* (el continente, *plato,* por el contenido, *comida*).

14 **El tema.** ¿Cuál es el significado de las siguientes palabras aplicadas a personas?

marmota:

víbora:

lince:

halcón:

mulo:

gallito:

cabra:

toro:

pato:

gusano:

- ¿A qué causa crees que se debe el cambio de significado de estas palabras?

15 **El tema.** Construye frases con las siguientes palabras e indica el significado que tenían y el que han adquirido.

Enfilar

Lila

Marrón

Pulir

Enrollarse

Pestiño

12 Prueba de evaluación

1 **Lee con atención el texto y responde a las cuestiones que se plantean.**

Este no va a ser un libro gracioso. Yo no sé contar chistes. Ni hacer juegos de palabras, porque no los entiendo. He aquí uno, a modo de ejemplo. Es uno de los de Padre.

El capitán dijo: «¡Arriba las velas!», y los de abajo se quedaron sin luz.

Sé por qué se supone que es gracioso. Lo pregunté. Es porque aquí la palabra velas tiene dos significados, que son: 1) ______________________

______________ *, y 2)* ______________

____

Si trato de decir esta frase haciendo que la palabra signifique dos cosas distintas a la vez, es como si escuchara dos piezas distintas de música al mismo tiempo, lo cual es incómodo y confuso, no agradable como el ruido blanco. Es como si dos personas te hablaran a la vez sobre cosas distintas.

Y por eso en este libro no hay chistes ni juegos de palabras.

Mark Haddon
El curioso incidente del perro a medianoche, Salamandra

- Coloca en los huecos 1) y 2) los dos significados de la palabra *vela*.
- ¿Cómo se denomina el fenómeno en que se basa el chiste? Defínelo.
- Define antonimia y localiza un ejemplo de antónimos en el texto.

2 **Escribe sinónimos y antónimos de las siguientes palabras extraídas del texto. Recuerda que debes tomarlas con el significado que ofrecen en el fragmento.**

	SINÓNIMOS	ANTÓNIMOS
confuso		
trato		
gracioso		
distintas		
incómodo		

3 **Indica, atendiendo a su formación, qué tipo de palabras son las del título del libro.**

- curioso:
- incidente:
- perro:
- medianoche:

4 **Localiza tres ejemplos de palabras derivadas que aparezcan en el texto inicial. Cópialas e indica cómo se han formado.**

5 **Escribe palabras pertenecientes a la familia léxica de *libro, juego* y *palabra.***

LIBRO	JUEGO	PALABRA

6 **Escribe palabras que pertenezcan al mismo campo semántico que:**

Capitán

Palabra

- Nombra los campos semánticos que has creado.

7 **Las palabras *vaqueros, estrellas* y *puertos* tienen en estas frases significados diferentes. Indica a qué se refieren en cada una y cuál es la causa del cambio semántico.**

a) Dos vaqueros se ocupaban de las reses.

¡Qué vaqueros tan originales tienes!

b) En las noches despejadas se ven las estrellas.

Las grandes estrellas viven en Hollywod.

c) Todos los barcos regresaron a los puertos.

Este ordenador tiene tres puertos USB.

1 **Lee con atención el siguiente texto y resuelve las actividades que se proponen.**

Hay que salir de Burgos en esos odiosos automóviles incómodos que van jadeando ansiosamente con la enorme balumba[1] de maletas y sacos de viaje. Ante el auto se abre el gran ángulo de la carretera, que se pierde en el confín, con sus filas de álamos esbeltos y rumorosos.

Es un día de agosto sereno, y el sol resalta la gama roja del paisaje. En algunas umbrías de retamas tiene el suelo el encanto de una rosa fuerte, en los árboles y en las hondonadas brilla toda la escala del azul, en los tremendos vientres de las ondulaciones grita el rojo ensangrentado, y sobre las lejanías indefinidas hay truenos de plomo y de sol. A veces quiere la llanura ser la expresión del paisaje, pero en seguida nacen los suaves lomos de las colinas.

Entre las muertas desolaciones del color surgen cruces antiguas casi derrumbadas, cercadas de árboles y de hierbas. […]

Sigue la carretera su cinta silenciosa llena de claridad cegadora… Entre las torres que desfilan por ella hiere nuestra emoción un torreón guerrero de piedra gris, solo, a la salida de un pueblecito, con traza de romance de amores, un poco desvencijado por el peso dulce de un manto soberbio de yedras. Son los álamos altísimos y escuetos, dando a la carretera un acento funeral.

Federico García Lorca
Obras completas, Aguilar

[1]balumba: conjunto desordenado y excesivo de cosas.

- Vuelve a escribir el primer párrafo, cambiando las palabras destacadas por sinónimos.

- Escribe los antónimos de las palabras destacadas en el último párrafo del texto.

- ¿Cuál es el significado de la palabra *romance* en la frase *con traza de romance de amores*? Escribe dos frases en las que *romance* tenga otro significado.

2 **¿Cómo se llama el fenómeno que afecta a la palabra *romance*? Defínelo.**

3 **Explica cómo se ha formado la palabra *automóvil*.**

4 **Analiza la estructura de estos sintagmas y, atendiendo a su núcleo, señala de qué tipo es cada uno.**

	Sintagma nominal	Sintagma verbal	Sintagma adjetival	Sintagma adverbial
Esos odiosos automóviles incómodos.	☐	☐	☐	☐
Ansiosamente.	☐	☐	☐	☐
Desvencijado por el peso de la maleta.	☐	☐	☐	☐
Siguen por ella.	☐	☐	☐	☐
El encanto de una rosa fuerte.	☐	☐	☐	☐
Truenos de plomo.	☐	☐	☐	☐
Cruces antiguas casi derrumbadas.	☐	☐	☐	☐

5 **Indica qué función cumplen los sintagmas subrayados en las siguientes frases.**

a) Avanzan <u>ansiosamente</u>. →

b) Hay que salir <u>de Burgos</u>. →

c) Los sacos <u>de viaje</u> estaban a buen precio. →

d) La llanura es <u>la expresión de un paisaje</u>. →

e) La carretera aparece <u>llena de claridad cegadora</u>. →

f) Hiere <u>nuestra emoción</u> un torreón guerrero. →

g) <u>A la salida del pueblecito</u> hay un torreón. →

6 **Analiza sintácticamente las siguientes oraciones; señala el tipo de oración según su estructura gramatical y la modalidad oracional.**

a) Sobre las lejanías indefinidas hay truenos de plomo.

b) En seguida nacen los suaves lomos de las colinas.

c) En las hondonadas brilla toda la escala del azul.

d) Los álamos son altísimos y escuetos.

e) Las cruces antiguas estaban casi derrumbadas.

f) Las cruces habían sido cercadas por hierbas.

g) Dan a la carretera un acento funeral.

7 **Encierra entre corchetes [ ] las oraciones, y entre paréntesis ( ) las proposiciones del primer párrafo del texto de la página 92.**

8 **Separa en proposiciones estas oraciones compuestas e indica el tipo de relación que se establece entre ellas.**

a) Los automóviles avanzan jadeando ansiosamente.

b) Ante el auto se abre el gran ángulo de la carretera que se pierde en el confín.

c) Es un día de agosto sereno, y el sol resalta la gama roja del paisaje.

d) Para ir a Silos, se viaja en automóviles incómodos.

e) Cuando llegamos al ángulo de la carretera, divisamos álamos esbeltos y rumorosos.

Bloque III

Literatura

13. El lenguaje literario
- 13.1. La medida de los versos y la rima
- 13.2. La estrofa
- 13.3. Recursos expresivos (I)
- 13.4. Recursos expresivos (II)

14. La literatura medieval
- 14.1. Características generales
- 14.2. La lírica medieval
- 14.3. La épica y el mester de juglaría
- 14.4. El Romancero viejo
- 14.5. El mester de clerecía
- 14.6. La prosa medieval
- 14.7. La lírica del siglo XV: Jorge Manrique
- 14.8. La Celestina

15. La literatura renacentista
- 15.1. Características generales
- 15.2. La lírica renacentista
- 15.3. Garcilaso de la Vega
- 15.4. Poesía ascética y mística
- 15.5. La prosa renacentista
- 15.6. El *Lazarillo de Tormes*
- 15.7. Cervantes y el *Quijote*

16. La literatura barroca
- 16.1. Características generales
- 16.2. La lírica barroca
- 16.3. Góngora y Quevedo
- 16.4. La prosa barroca
- 16.5. El teatro barroco: Lope de Vega
- 16.6. Calderón de la Barca

17. La literatura del siglo XVIII
- 17.1. Características generales
- 17.2. La prosa del siglo XVIII
- 17.3. La poesía del siglo XVIII
- 17.4. El teatro del siglo XVIII

13 El lenguaje literario

13.1. La medida de los versos y la rima

- La **medida de los versos** y la **rima** son **recursos** utilizados para otorgar **ritmo** al poema.
- **Medir un verso** consiste en **contar** el **número de sílabas** que tiene. Para ello, se deben tener en cuenta dos **fenómenos métricos:**
  - **Último acento del verso.** Si el verso termina en **palabra aguda,** se cuenta una **sílaba más,** y si termina en **esdrújula,** se cuenta una **sílaba menos:** *Su lenta luz* (4 + 1 = 5); *Entre los ciegos árboles* (8 - 1 = 7).
  - **Sinalefa.** Si una palabra termina en vocal y la siguiente empieza por vocal, ambas se unen en una única sílaba métrica: *So-ñan-do‿en-la-mar.*
- La **rima** es la **repetición** en dos o más versos de los **sonidos** que siguen a la **última vocal acentuada.** Se diferencian dos **clases** de rima:
  - **Consonante.** Coinciden **todos los sonidos** (consonantes y vocales) a partir del último acento del verso: *Por el dolor congojado, / triste, débil, desangrado.*
  - **Asonante.** Coinciden **solo** las **vocales:** *Primavera vino / (...) / almendros floridos.*

1 **Métrica y rima.** Mide el número de sílabas de los versos y localiza su nombre en las tablas. Luego rodea los sonidos que riman e indica de qué tipo de rima se trata (utiliza letras minúsculas para los versos de arte menor, mayúsculas para los de arte mayor y guión si no hay rima).

Quisiera ser el nardo que reposa	11-
en el templado asilo de tu pecho;	11A
el collar que aprisiona tu garganta;	
la blanda seda, cárcel de tu cuerpo.	

Benito Mas y Prat

Versos ____________
Rima ____________

Era una noche del mes	
de mayo, azul y serena.	
Sobre el agudo ciprés	
brillaba la luna llena.	

Antonio Machado

Versos ____________
Rima ____________

El aire se serena	
y viste de hermosura y luz no usada,	
Salinas, cuando suena	
la música estremada,	
por vuestra sabia mano gobernada.	

Fray Luis de León

Versos ____________
Rima ____________

VERSOS DE ARTE MENOR	
2 sílabas	Bisílabos
3 sílabas	Trisílabos
4 sílabas	Tetrasílabos
5 sílabas	Pentasílabos
6 sílabas	Hexasílabos
7 sílabas	Heptasílabos
8 sílabas	Octosílabos

VERSOS DE ARTE MAYOR	
9 sílabas	Eneasílabos
10 sílabas	Decasílabos
11 sílabas	Endecasílabos
12 sílabas	Dodecasílabos
13 sílabas	Tridecasílabos
14 sílabas	Alejandrinos

13.2. La estrofa

- La **estrofa** es la **agrupación** de un **número determinado de versos,** cuya **rima** presenta una **distribución fija.**
- Los **poemas estróficos** son aquellos que pueden **dividirse en estrofas,** por ejemplo el **soneto** (catorce versos endecasílabos agrupados en **dos cuartetos** y **dos tercetos**).
- Los **poemas no estróficos** no admiten **división,** como el **romance** (**serie indeterminada de versos** en los que riman los pares y quedan sueltos los impares).

2 **Versos y estrofas.** Realiza el análisis métrico (número de sílabas, rima y tipo de rima de estos textos). Observa luego el análisis, consulta la tabla y di a qué tipo de estrofa corresponde cada texto.

Texto I

Admirose un portugués
de ver que en su tierna infancia
todos los niños en Francia
supiesen hablar francés.

Nicolás FERNÁNDEZ DE MORATÍN

Texto II

Pasa cerca, le adivino.
Con él cantan, y en follajes
aun más sonoros —¡no bajes
de prisa!— pero sin trino,
los pájaros. Es más fino
su gorjeo infuso en masa
vegetal. ¿Quién acompasa
la dicha? Desciende el monte
muy despacio. Ven. Disponte
ya a lo mejor. Cerca pasa.

Jorge GUILLÉN

Texto III

Vivir quiero conmigo;
gozar quiero del bien que debo al cielo,
a solas, sin testigo,
libre de amor, de celo,
de odio, de esperanzas, de recelo.

Fray Luis DE LEÓN

ESTROFA DE DOS VERSOS
Pareado → Versos de arte menor o mayor y rima asonante o consonante: **aa / AA**
ESTROFAS DE TRES VERSOS
Terceto → Versos de arte mayor y rima consonante: **11A 11- 11A** **Soleá** → Versos de arte menor y rima asonante: **8A 8- 8A**
ESTROFAS DE CUATRO VERSOS
Cuarteto → Versos de arte mayor y rima consonante: **11A 11B 11B 11A** **Serventesio** → Versos de arte mayor y rima consonante: **11A 11B 11A 11B** **Redondilla** → Versos de arte menor y rima consonante: **8a 8b 8b 8a** **Cuarteta** → Versos de arte menor y rima consonante: **8a 8b 8a 8b** **Copla** → Versos de arte menor y rima asonante o consonante: **8- 8a 8- 8a**
ESTROFA DE CINCO VERSOS
Lira → Versos heptasílabos y endecasílabos y rima consonante: **7a 11B 7a 7b 11B**
ESTROFA DE SEIS VERSOS
Copla de pie quebrado → Seis versos con la siguiente estructura: **8a 8b 4c 8a 8b 4c**
ESTROFA DE OCHO VERSOS
Octava real → Versos endecasílabos y rima consonante: **11A 11B 11A 11B 11A 11B 11C 11C**
ESTROFA DE DIEZ VERSOS
Décima → Versos octosílabos y rima consonante: **8a 8b 8b 8a 8a 8c 8c 8d 8d 8c**

13.3. Recursos expresivos (I)

- Los **recursos expresivos** son procedimientos que se emplean en los textos para lograr efectos de **musicalidad** y **acumulación de significados**, o para otorgar **sentidos especiales a las palabras.**
- Algunos recursos expresivos se basan en la **repetición**, como los siguientes:
  - **Anáfora.** Repetición de una o más **palabras** al **principio** de diferentes versos de un poema o frases de un texto en prosa: *Uno va lentamente entre tinieblas / uno va a alguna parte o a ninguna.*
  - **Paralelismo.** Repetición de **estructuras sintácticas** o de **todo el verso:** *Para mi pobre cuerpo dolorido, / para mi triste alma lacerada, / para mi yerto corazón herido.*
  - **Polisíndeton.** Repetición reiterada e innecesaria de **conjunciones copulativas** o **disyuntivas:** *Este es el cielo de azulada altura / y este el lucero y esta la mañana / y esta la rosa y esta la manzana.* La ausencia de conjunciones se denomina **asíndeton.**

3 **Repetición expresiva.** Reconoce cada uno de los recursos expresivos de repetición que aparecen en estos textos y, a continuación, defínelos.

Texto I

No perdono a la muerte enamorada,
no perdono a la vida desatenta,
no perdono a la tierra ni a la nada.

Miguel HERNÁNDEZ

Recurso del Texto I →

Definición →

Texto II

La confianza que me permitía
arder, crecer, vivir, gozar el día,
sin memorias amargas ni venenos.

Carmen JODRÁ

Recurso del Texto II →

Definición →

Texto III

¡Qué amigo de sus amigos!
¡Qué señor para criados
y parientes!
¡Qué enemigo de enemigos!
¡Qué maestro de esforzados
y valientes!

Jorge MANRIQUE

Recurso del Texto III →

Definición →

Texto IV

Por ti la mar ensaya olas y espumas,
Y el iris, sobre el monte, otros colores,
Y el faisán de la aurora canto y plumas.

Antonio MACHADO

Recurso del Texto IV →

Definición →

13.4. Recursos expresivos (II)

- Algunos **recursos expresivos** se basan en juegos con el **significado:**
  - **Antítesis.** Contraposición de dos **palabras o frases** de sentido contrario: *¿Que la vida y la muerte son lo mismo?/ La vida es todo y es la muerte nada.*
  - **Paronomasia.** Aparición cercana de dos palabras con una **pronunciación parecida,** pero con **significado diferente:** *Saber algo, quizá, que sepa a algo/ algo que no se sabe a lo que sabe.*
  - **Personificación.** Atribución de **cualidades humanas** a seres que no las poseen: *Díjome el chorro en el pilón derruido: / «Del jardín de tu dueño aquí he venido».*
  - **Metáfora. Identificación de dos términos,** uno real y otro imaginario, que no tienen conexión con la realidad: *Es tu boca una vívida granada.*
  - **Metonimia.** Uso de una palabra por otra con la que guarda una **relación de causa-efecto, parte-todo, continente-contenido**...: *El golpe centelleante del castellano acero.*
  - **Símil. Comparación** entre **dos términos** que no guardan entre sí relación directa: *Pájaro gigantesco: cual cometa, / vas recorriendo la extensión del cielo.*
  - **Hipérbole. Exageración** al presentar la realidad: *Veloz como el rayo.*
  - **Epíteto. Adjetivo calificativo** con el que se señalan **cualidades propias** del **nombre** al que se refiere: *De cara al sol poniente, bajo los verdes pinos.*

4 Nuevos recursos. Lee con atención estos versos y di qué recursos expresivos se emplean. Ten en cuenta que puede haber más de un recurso por texto.

Quiero dormir un rato,
un rato, un minuto, un siglo;
pero que todos sepan que no he muerto.

Federico GARCÍA LORCA

Recurso →

Vendado que me has vendido.

Luis de GÓNGORA

Recurso →

La negra águila enorme, de pupilas
de fuego y corvo pico relumbrante.

Rubén DARÍO

Recurso →

Desperté de ser niño:
nunca despiertes.
Triste llevo la boca:
ríete siempre.

Miguel HERNÁNDEZ

Recurso →

Y yo me iré. Y se quedarán los pájaros cantando.

Juan Ramón JIMÉNEZ

Recurso →

Te amo tanto que lloro joyas de oro.
Te amo tanto que mi alma tiene trenzas.
Te amo tanto que me olvido del mar.
Te amo tanto que las arañas me sonríen.

Carlos Edmundo DE ORY

Recurso →

13 Prueba de evaluación

La rosa y el ruiseñor

La rosa, emperatriz de la hermosura,
que brinda al sol sus labios encendidos;
la que arrastra a los céfiros y nidos
endechas rebosantes de dulzura;

la rosa de opulenta vestidura,
que es gloria y embriaguez de los sentidos
y en los verdes jardines florecidos,
cual rojizo relámpago, fulgura,

la que aroma las noches de verbena,
fue, del mundo en la espléndida alborada,
más nívea que la cándida azucena.

Pero Adán fijó en ella la mirada
y, palpitante y de rubores llena,
la blanca rosa se volvió encarnada.

Manuel Reina
Un siglo de sonetos en español, Hiperión

1 **Mide los versos del poema anterior, señala las sinalefas y busca la rima. Escribe a continuación el esquema métrico del texto.**

Esquema métrico →

2 **¿De qué tipo de composición se trata?**

3 **Define estos recursos y extrae del texto al menos un ejemplo de cada uno de ellos.**

Personificación

Metáfora

Epíteto

Metonimia

Comparación

4 **Lee los siguientes poemas y realiza su análisis métrico.**

- Marca las sinalefas y mide los versos. Indica si has tenido que sumar o restar 1.
- Busca la rima e indica si es asonante o consonante.

Texto I

Parecéis flores del mar,
velas que salís ahora
al tiempo en que el sol se pone
y el mar es color de rosa.

Joan MARAGALL

La **rima** es ____________________

Texto III

Era mi dolor tan alto
que miraba al otro mundo
por encima del ocaso.

Manuel ALTOLAGUIRRE

La **rima** es ____________________

Texto II

Este mundo es el camino
para el otro, que es morada
sin pesar;
mas cumple tener buen tino
para andar esta jornada
sin errar.

Jorge MANRIQUE

La **rima** es ____________________

Texto IV

El paisaje es un silencio
con forma. La tarde muere.
La llanura está amarilla,
rayada por venas verdes
de los olivares castos
que en las montañas se pierden.

Federico GARCÍA LORCA

La **rima** es ____________________

- ¿A qué clase de composición métrica (estrofa…) corresponden estos textos?

Texto I ➜

Texto II ➜

Texto III ➜

Texto IV ➜

5 **Localiza en cada uno de los textos anteriores un ejemplo de recurso expresivo. Indica de cuál se trata y explícalo.**

Recurso del texto I ➜

Recurso del texto II ➜

Recurso del texto III ➜

Recurso del texto IV ➜

14 La literatura medieval

14.1. Características generales

- La **Edad Media** es un **período histórico** que se extiende desde la **caída del Imperio romano** (siglo V) hasta el **Renacimiento** (en España, siglo XVI).
- El **pensamiento medieval** está impregnado de una **profunda religiosidad:** Dios es el centro del universo **(teocentrismo)** y la vida terrenal no es más que una vía para alcanzar la **vida eterna.**
- La **literatura medieval** reflejó los **intereses** de los distintos **grupos sociales** de esa época:
  - La **nobleza,** clase dominante dedicada a las armas, cultivó la **épica,** la **lírica culta** y la **narración de cuentos.**
  - El **clero,** grupo también privilegiado cuya ocupación principal era **predicar la doctrina cristiana,** compuso **obras didácticas** englobadas en el **mester de clerecía.**
  - El **pueblo,** que trabajaba para la nobleza y el clero y no poseía privilegios, se expresó a través de composiciones de la **lírica popular.**
- A lo largo del período medieval, **convivieron** en la península **cristianos, musulmanes** y **judíos,** cuyas culturas se reflejaron en la literatura de la época.
- Los textos literarios se hicieron eco también del avance de la **Reconquista.**

1 **Literatura y sociedad.** Relaciona cada texto con un grupo social. Justifica tu respuesta.

Texto I

A Minaya Alvar Fáñez matáronle el caballo,
bien lo auxilian mesnadas de cristianos.
La lanza ha quebrado, a la espada metió mano,
aunque iba a pie, buenos golpes va dando.
Violo mio Cid, Ruy Díaz el Castellano,
acercose a un general que tenía buen caballo,
diole buen espadazo con su diestro brazo,
cortole por la cintura y lo echó en medio del campo.

Texto II

La bendita Virgen es estrella llamada,
estrella de los mares, guía deseada,
es de los marineros en peligros guardada,
que cuando están en ellos es la nave guiada.
Es llamada y lo es, de los cielos reïna,
templo de Jesucristo, estrella matutina,
señora natural, pïadosa vecina.

Texto III

Ardé, corazón, ardé,
que no os puedo yo valer.
Quebrántanse las peñas
con picos y azadones,
quebrántase mi corazón
con penas y dolores.

Texto I

Texto II

Texto III

14.2. La lírica medieval

- En la **lírica medieval** se diferencia la **lírica tradicional** y la **lírica culta.**
- Las obras de la **lírica tradicional** son **poemas breves** y **anónimos,** caracterizados por la **repetición de palabras** o **ideas,** que el **pueblo cantaba** y **transmitía oralmente.**
- En la **lírica tradicional** se distinguen los siguientes tipos de composiciones:
  - **Jarchas.** Breves composiciones en **mozárabe** en las que una joven se dirige a su madre o hermanas para expresar su queja amorosa por la ausencia del amado *(habib).*
  - **Cantigas de amigo.** Compuestas en **gallego-portugués,** la emisora es una joven que se dirige a la naturaleza lamentándose por la ausencia de su amado.
  - **Villancicos.** Escritos en **castellano,** tratan temas amorosos, de trabajo, de fiesta…
  - **Romances líricos.** Textos en **castellano** en los que se exponen sentimientos.
- Las obras de la **lírica culta** tienen **autor conocido** y tratan tanto **asuntos amorosos** (en boca de un emisor masculino) como **temas morales, filosóficos** y **sociales.**

2 **Lírica tradicional.** Lee los siguientes textos e indica a cuál de las formas de la lírica tradicional corresponde cada uno. Explica qué rasgos te han permitido averiguarlo.

Texto I

—Ai flores, ai flores do verde pino,
se sabedes novas do meu amigo?
ai, Deus, e u é?
—Ai flores, ai flores do verde ramo,
se sabedes novas do meu amado?
ai, Deus, e u é?

TRADUCCIÓN: Ay flores, ay flores del verde pino, / ¿sabéis noticias de mi amigo? / Ay Dios, ¿y dónde está? // Ay flores, ay flores del verde ramo, / ¿sabéis noticias de mi amado? / Ay Dios, ¿y dónde está?

Texto II

¡Bien haya quien hizo
cadenicas, cadenas,
bien haya quien hizo
cadenas de amore!

Texto III

Este pradico verde
trillémosle y hollémosle.

Texto IV

Garr: qué fareyo?,
cóm vivireyo?
Este'l-habib espero;
por el morreyo.

TRADUCCIÓN:
Di: ¿Qué haré?,
¿cómo viviré?
Al amigo espero,
por él moriré.

- El **Texto I** es ____________________ porque ____
- El **Texto II** es ____________________ porque ____
- El **Texto III** es ____________________ porque ____
- El **Texto IV** es ____________________ porque ____

3 **Lírica medieval.** Explica qué diferencia la lírica tradicional de la lírica culta.

14.3. La épica y el mester de juglaría

- El **mester de juglaría** es el oficio de los **juglares**, personajes que se ganaban la vida entreteniendo al público por los pueblos.
- Los **juglares** incluían entre sus diversiones el recitado de **cantares de gesta, poemas épicos** en **lenguas románicas** que narran las hazañas de **caballeros medievales.**
- Los cantares de gesta están compuestos por series de **versos de medida irregular** con **rima asonante.** Al cambiar la rima, cambia la serie o tirada.
- Entre sus rasgos comunes, destaca el uso del **estilo directo,** así como el de **fórmulas juglarescas** que facilitaban el recitado del juglar. Estas fórmulas incluyen:
  - **Fórmulas apelativas.** Sirven para introducir al público en el relato.
  - **Epítetos épicos.** Adjetivos o expresiones fijas que ensalzan la figura del héroe.
- Los cantares de gesta suelen incorporar **datos reales** (lugares, personajes, vestimenta, batallas...) para hacer más creíble la historia.
- El **cantar de gesta castellano** más importante, el ***Cantar de Mio Cid,*** data de finales del **siglo XII.** En él se cuenta cómo el caballero castellano **Rodrigo Díaz de Vivar** —conocido como el **Cid Campeador**— pierde y recupera su **honor.**
- El *Cantar de Mio Cid* se divide en **tres partes: *Cantar del destierro, Cantar de las bodas*** y ***Cantar de la afrenta de Corpes.***

4 **El *Cantar de Mio Cid.*** Lee el fragmento y extrae ejemplos de los siguientes recursos.

Luego salió por la puerta,   y el río Arlanzón pasaba.
Junto a la villa de Burgos,   en el arenal acampa.
Allí se plantó la tienda   y muy pronto descabalga.
Nuestro Cid Rodrigo Díaz,   que en buena hora ciñó espada,
acampó en el arenal,   que nadie lo acoge en casa.
Lo rodean sus amigos   fieles que allí lo acompañan.
Desta suerte acampó el Cid   como lo haría en montaña. [...]
Aquel Martín Antolínez   de Burgos, hombre cumplido,
a nuestro Cid y a los suyos   les da su pan y su vino. [...]
Contentose de esto el Cid,   el Campeador cumplido,
contentáronse los suyos,   los que están en su servicio.
Habló Martín Antolínez,   oiréis lo que allí dijo:
—¡Óyeme, Campeador,   en tan buen hora nacido!
Pasemos aquí la noche,   vámonos, amanecido,
pues acusado seré,   señor, de que os he servido.

Cantar de Mio Cid, Castalia

- Rima asonante →
- Número de tiradas →
- Estilo directo →
- Datos realistas →
- Fórmulas apelativas →
- Epítetos épicos →

14.4. El Romancero viejo

- El **Romancero viejo,** o **Romancero tradicional,** es el conjunto de **romances anónimos** y **populares** que se transmitieron oralmente durante la **Edad Media.**
- En los romances es habitual el empleo del **estilo directo** y el **diálogo,** y la aparición de **saltos temporales** y **finales truncados.**
- Según el asunto que tratan, los romances pueden agruparse en tres **grupos temáticos:**
  - **Romances épicos.** Están protagonizados por **personajes** de los **cantares de gesta.**
  - **Romances históricos.** Narran **hechos reales** o protagonizados por **personajes históricos.** Destacan los romances **moriscos,** basados en episodios de la **Reconquista.**
  - **Romances lírico-novelescos.** Expresan **sentimientos** a través de historias protagonizadas por **personajes imaginarios.**

5 **Análisis de un romance.** Lee el poema y responde a las preguntas que se plantean.

¡Ay!, un galán de esta villa,
¡ay!, un galán de esta casa,
¡ay!, de lejos que venía,
¡ay!, de lejos que llegaba.
—¡Ay!, diga lo que él quería,
¡ay!, diga lo que él buscaba.
—¡Ay!, busco a la blanca niña,
¡ay!, busco a la niña blanca,
que tiene voz delgadina,
que tiene la voz de plata;
cabello de oro tejía,
cabello de oro trenzaba.
—Otra no hay en esta villa,
otra no hay en esta casa,
si no era una mi prima,
si no una prima hermana;
¡ay!, de marido pedida,
¡ay!, de marido velada.
—¡Ay!, diga a la blanca niña,
¡ay!, diga a la niña blanca,
¡ay!, que su amigo la espera,
¡ay!, que su amigo la aguarda
al pie de una fuente fría,
al pie de una fuente clara,
que por el oro corría,
que por el oro manaba,
a orillas del mar que suena,
a orillas del mar que brama.

Recogido por Ramón Menéndez Pidal
Flor nueva de romances viejos, Espasa Calpe

- ¿Qué o a quién busca el galán?
- ¿Quién es su interlocutor?
- ¿Qué le pide que haga el galán a su interlocutor?

6 **Características del romance.** Explica todos los rasgos del Romancero que aparecen en el texto (no olvides lo estudiado en la Unidad 13) y di a qué grupo temático pertenece.

7 **Recursos expresivos.** Extrae del texto un ejemplo de cada uno de estos recursos.

Anáfora →

Paralelismo →

Metáfora →

Personificación →

14.5. El mester de clerecía

- Se denomina **mester de clerecía** el conjunto de **obras narrativas** compuestas por **clérigos** durante los **siglos** XIII y XIV, que presentan una serie de **rasgos comunes:**
  - **Métrica.** Están compuestas en **cuaderna vía,** estrofa de cuatro **versos alejandrinos** con **rima consonante.**
  - **Finalidad.** Se trataba de **obras didácticas,** ya que mostraban al pueblo **modelos de conducta cristiana.**
  - **Contenido.** Era de tipo **religioso** y **ético** (vidas de santos, milagros de la Virgen, conductas morales).
  - **Transmisión.** Aunque eran **obras escritas,** se transmitían **públicamente** de **forma oral.**
- El **primer poeta castellano conocido** fue un clérigo del **siglo** XIII, **Gonzalo de Berceo.**
- Berceo compuso los ***Milagros de Nuestra Señora,*** donde se narran veinticinco milagros en que la Virgen protege a sus devotos. Cada milagro consta de una **presentación** del personaje-devoto, la **exposición** de las dificultades por las que atraviesa, la **aparición** de la Virgen y el **milagro;** y, finalmente, una **reflexión general.**

8 **Un milagro.** Lee el siguiente texto de Berceo, divídelo en partes y explica su contenido.

Era un ladrón malo   que quería más hurtar
que ir a la iglesia   ni puentes alzar;
sabía de poco esfuerzo   su casa gobernar,
mal uso que cogió,   no lo podía dejar.

Entre todas sus maldades,   tenía una bondad
que le valió al fin   y le dio salvedad;
creía en la Gloriosa   de toda voluntad
siempre la saludaba   ante su majestad.

Como quien en mal   anda en mal ha de caer
viniéronlo con hurto   este ladrón a prender;
pero no tuvo nada   con que se defender;
decidieron que lo irían   en la horca a poner [...].

La Madre gloriösa,   diestra en socorrer,
que suele a sus sïervos   en las cuitas valer,
a este condenado   le quiso en pro tener,
recordó el servicio   que le solía hacer. [...]

Le metió bajo los pies   donde estaba colgado
sus manos preciösas,   lo tuvo aliviado,
no se sintió de cosa   ninguna embargado,
no fue más vicïoso   nunca ni más pagado.

Madre tan piadosa,   de tal benignidad,
que en buenos y en malos   hace su pïedad,
debemos bendecirla   de toda voluntad;
los que la bendijeron   ganaron gran ricad.

____________	Del verso _____ al _____	____________________
____________	Del verso _____ al _____	____________________
____________	Del verso _____ al _____	____________________
____________	Del verso _____ al _____	____________________

9 **Tipo de estrofa.** Explica en qué consiste la cuaderna vía. ¿Responde el texto de Berceo a este tipo de estrofa?

14.6. La prosa medieval

- La **prosa medieval castellana** nació con la finalidad de **transmitir conocimientos.**
- Los **primeros ejemplos** son las **obras legales, científicas** e **históricas** del rey **Alfonso X** y las **colecciones de cuentos de origen árabe.**
- El máximo representante de la **prosa didáctica** del siglo XIV es **don Juan Manuel,** con su obra ***El conde Lucanor,*** una colección de cincuenta y un **cuentos** protagonizados por el **conde Lucanor** y **Patronio,** su consejero.
- Todos los cuentos presentan la misma **estructura:** el conde plantea un **problema** a Patronio; este responde con un **relato,** del cual extrae una **reflexión aplicable al problema** con la que aconseja al conde; finalmente, don Juan Manuel se introduce en el relato y presenta una **enseñanza general (moraleja)** en verso.

10 **Las partes del cuento.** Lee el siguiente cuento de *El Conde Lucanor,* delimita en él las partes del relato, señala en cada una el emisor y resúmelas.

Lo que sucedió a un ciego que llevaba a otro

Cierta vez hablaba el conde Lucanor con Patronio, su consejero, de esta manera:

—Patronio, un familiar mío [...] me aconseja ir a un lugar que me infunde cierto temor. Mi pariente me insiste y dice que no debo tener miedo alguno, pues antes perdería él la vida que consentir mi daño. Por eso, os ruego que me aconsejéis qué debo hacer.

—Señor conde Lucanor —dijo Patronio—, para aconsejaros debidamente me gustaría mucho que supierais lo que le ocurrió a un ciego con otro. [...] Un hombre vivía en una ciudad, perdió la vista y quedó ciego. Y estando así, pobre y ciego, lo visitó otro ciego que vivía en la misma ciudad, y le propuso ir ambos a otra villa cercana, donde pedirían limosna [...].

El primer ciego le dijo que el camino hasta aquella ciudad tenía pozos, barrancos profundos y difíciles puertos de montaña; y por ello temía hacerlo. El otro ciego le dijo que desechase aquel temor, porque él lo acompañaría y así caminaría seguro. Tanto le insistió [...] que el primer ciego lo creyó y partieron los dos. Pero cuando llegaron a los lugares más abruptos y peligrosos, cayó en un barranco el ciego que [...] llevaba al otro, y también cayó el ciego que sospechó los peligros del viaje.

Vos, señor conde, si justificadamente sentís recelo [...] no corráis ningún riesgo a pesar de lo que vuestro buen pariente os propone, aunque os diga que morirá él antes que vos; porque os será de muy poca utilidad su muerte si vos también podéis morir. [...]

Y viendo don Juan que el cuento era bueno, lo mandó poner en este libro e hizo unos versos que dicen:

Nunca te metas donde corras peligro
aunque te asista un verdadero amigo.

Planteamiento →

Relato →

Consejo →

Moraleja →

14.7. La lírica del siglo XV: Jorge Manrique

- El máximo representante de la **lírica del siglo** XV fue **Jorge Manrique,** un noble que en su obra cumbre, las ***Coplas a la muerte de su padre,*** exalta los **valores medievales.**
- Las *Coplas* son una obra extensa: **cuarenta coplas** formadas por dos **estrofas de pie quebrado** (8a 8b 4c 8a 8b 4c 8d 8e 4f 8d 8e 4f).
- Además de la **alabanza a don Rodrigo Manrique,** padre del autor, en las *Coplas* se tratan los siguientes **asuntos:**
  - **La fugacidad de la vida.** La vida terrenal es solo un paso fugaz frente a la vida eterna.
  - **La muerte.** La muerte es igualadora, ya que a todos alcanza por igual.
  - **El desprecio de los bienes terrenales.** Las riquezas, los placeres, la belleza no tienen ningún valor, pues no sirven para alcanzar la vida eterna.
  - **La fama.** La fama que se alcanza por medio del honor y los actos heroicos permite vencer a la muerte.

11 **Los temas.** Lee estas estrofas y di qué tema desarrolla cada una. Justifica tu respuesta.

XIV

Así que no hay cosa fuerte,
que a papas y emperadores
y prelados
así los trata la muerte
como a los pobres pastores
de ganados.

XXV

Aquel de buenos abrigo,
amado por virtuoso
de la gente,
el maestre don Rodrigo
Manrique, tanto famoso
y tan valiente.

XXXV

No se os haga tan amarga
la batalla temerosa
que esperáis,
pues otra vida más larga
de fama tan gloriosa
acá dejáis.

Copla XIV →

Copla XXV →

Copla XXXV →

12 **Análisis literario.** Mide los versos de *Copla I* y señala la rima.

- ¿De qué estrofa se trata?
- ¿Cuál es el tema de estos versos?
- ¿Qué recurso literario aparece?

Copla I

Recuerde el alma dormida,
avive el seso y despierte,
contemplando
cómo se pasa la vida,
cómo se viene la muerte
tan callando;
cuán presto se va el placer,
cómo después de acordado
da dolor,
cómo, a nuestro parecer,
cualquiera tiempo pasado
fue mejor.

14.8. La Celestina

- En el **siglo** XV se produjeron **profundos cambios** en todos los ámbitos de la vida que acabaron transformando el **sistema de valores de la sociedad** (importancia del dinero, afán por disfrutar de la vida terrenal, etc.) y dieron origen a una **nueva mentalidad.**
- Un ejemplo de esta nueva mentalidad es la obra de **Fernando de Rojas *La Celestina*,** que cuenta los **amores** entre **Calisto y Melibea,** conseguidos gracias a la astucia de la **alcahueta Celestina.**
- *La Celestina* es una **obra dialogada,** compuesta en **veintiún actos.**
- En la obra se mezclan **personajes** de **grupos sociales elevados** (Calisto y Melibea) con **criados** (Pármeno y Sempronio) y **personajes marginales** (Celestina, Areúsa y Elicia).
- Los **personajes** actúan impulsados por sus **intereses** y por los **placeres terrenales** (la pasión amorosa, la codicia) y **no respetan los valores tradicionales** (la religiosidad, la lealtad, el honor…).

13 **Un fragmento de *La Celestina*.** Lee el texto y responde a las preguntas que se plantean.

CELESTINA.—*Tú te lo dirás todo. Pobre vejez quieres. ¿Piensas que nunca has de salir de mi lado?*

ELICIA.—*Por Dios, dejemos enojo y al tiempo el consejo. Tengamos mucho placer. Mientras hoy tengamos de comer, no pensemos en mañana. También se muere el que mucho allega, como el que pobremente vive, y el doctor como el pastor, y el papa como el sacristán, y el señor como el siervo, y el de alto linaje como el bajo y tú con tu oficio como yo sin ninguno; no hemos de vivir siempre; gocemos y holguemos, que la vejez, pocos la ven, y de los que la ven ninguno murió de hambre. No quiero en este mundo sino día y vito y parte en paraíso.*

- ¿Qué teme Celestina que le ocurra a Elicia?
- Explica los motivos que da Elicia para no preocuparse por el mañana.
- ¿Qué desea sobre todo la joven?
- ¿En qué tema coincide este fragmento con la obra de Jorge Manrique?
- ¿Qué diferencia lo que dice Elicia de lo que sostenía Manrique en sus *Coplas*?

14 **Los personajes.** ¿Quién es Celestina? ¿Qué tipo de personaje es Elicia? Menciona a los otros personajes que aparecen en la obra e indica el grupo social al que pertenecen.

14 Prueba de evaluación

1 **Lee con atención el texto y contesta las cuestiones que se plantean:**

Hay una gran alegría   entre todos los cristianos
que están con el Cid Ruy Díaz,   el que nació afortunado.
¡Cómo crece al Cid la barba!   ¡Cómo mira su cuidado!
Fue entonces cuando el Cid dijo,   ¡y que lo dijo bien claro!:
—Por amor del Rey Alfonso,   que de la tierra me ha echado,
no entrará en ella tijera   ni un pelo será cortado.
Y que todos hablen de esto,   los moros y los cristianos.
Nuestro Cid Rodrigo Díaz   en Valencia se está holgando
con él Minaya Alvar Fáñez,   que no se va de su lado.
Los que dejaron la tierra   van de riquezas sobrados;
a todos les dio en Valencia   (el Campeador nombrado)
bienes, casas y heredades,   de que contentos quedaron.

- ¿A qué se debe la alegría que embarga a todos los cristianos que acompañan al Cid?

- ¿Qué rasgos de la personalidad de Mio Cid se aprecian en este fragmento?

- ¿A qué grupo social correspondería este fragmento? Razona tu respuesta.

  La nobleza. ☐   El clero. ☐   El pueblo. ☐

2 **¿Qué es un cantar de gesta? ¿Quiénes lo cantaban?**

3 **Busca en el texto ejemplos de los rasgos característicos de los cantares de gesta.**

Métrica y rima

Datos reales

Fórmulas juglarescas

4 **Expón cuanto sepas sobre el *Cantar de Mio Cid*.**

5 **Explica las diferencias entre el mester de juglaría y el mester de clerecía. Atiende a temas, métrica, finalidad…**

6 **Completa el siguiente cuadro sobre las jarchas y las cantigas de amigo.**

	JARCHA	CANTIGA DE AMIGO
Tema		
Emisor		
Destinatario		
Lengua		

7 **¿En qué lengua están escritos los villancicos? ¿Qué temas tratan?**

8 **Explica cuanto sepas de los siguientes temas.**

- Romance lírico-novelesco:
- Estructura de los cuentos de *El conde Lucanor:*
- Personajes de *La Celestina:*

9 **Completa la información del recuadro.**

Los **temas** que se tratan en las *Coplas a la muerte de su padre* de ____________________

____________________ son ____

____

15 La literatura renacentista

15.1. Características generales

- El **Renacimiento** es un **movimiento cultural** que reflejó las **ideas del humanismo,** corriente de pensamiento basada en el conocimiento de las **culturas griega y latina.**
- En el **pensamiento renacentista,** el **hombre** ocupa el **centro del universo (antropocentrismo),** pero se mantiene una **profunda espiritualidad religiosa.**
- El **ideal de hombre** del Renacimiento era el **cortesano,** que se desenvolvía en diferentes ámbitos y poseía una **educación militar, artística** y **humanística.**
- La **difusión** de las **ideas humanistas,** muy aceptadas entre la **nobleza** y la **burguesía cultas,** fue impulsada desde las **universidades** y se vio potenciada por el **desarrollo de la imprenta.** Esto dio origen al surgimiento de una **cultura elitista** y **urbana.**
- Las **lenguas de cada pueblo** (lengua vulgar) cobraron gran importancia como **instrumentos de cultura** y **expresión.**
- En **España,** el Renacimiento se extiendió durante los **reinados de Carlos I** y **Felipe II (siglo XVI).**

1 **El hombre renacentista.** Lee con atención el texto y responde a las preguntas.

Pues había allí [en el hombre] *una inteligencia capaz de tan buen consejo, tanta prudencia, sabiduría, razón, tan fecunda, que por sí sola puede producir increíbles frutos; son invenciones suyas las ciudades, las casas, el aprovechamiento y domesticación de los animales, el conocimiento de las hierbas, las piedras y los metales; el nombre y denominación de todas las cosas, lo que muchos sabios han estimado como lo mejor de todos los descubrimientos del hombre. Después, lo que no tiene menos valor, la reducción a unas pocas letras de la inmensa variedad de los sonidos de la voz humana; y a través de esas letras se nos ha transmitido y están escritas tantas disciplinas entre las que se incluye también la misma religión.*

Juan Luis VIVES
Diálogos y otros escritos, Planeta

- ¿Qué cualidades del hombre se señalan en el fragmento?
- ¿Qué invenciones del hombre se citan? ¿Cuál de ellas se considera superior?
- ¿Por qué se destaca la escritura?

2 **El Renacimiento.** ¿A qué rasgos del Renacimiento se hace referencia en este texto?

15.2. La lírica renacentista

- La **lírica renacentista**, muy influida por la poesía clásica y por Italia, significó una profunda **renovación del modelo poético** en cuanto a los **temas** y las **formas métricas.**
  - Los **temas fundamentales** son el **amor,** expuesto como una experiencia personal; la **naturaleza,** presentada como un lugar ideal (verdes prados, cristalinos ríos, frondosos árboles...); la **mitología,** a través de la cual se presentan asuntos amorosos, y los **sentimientos religiosos,** alabanzas y textos ascéticos y místicos.
  - Se recuperaron también **tópicos clásicos** como el ***carpe diem*** (invitación a disfrutar de la juventud antes de que llegue la vejez) y el ***beatus ille*** (alabanza de quien vive alejado de las preocupaciones del mundo).
  - Entre las **innovaciones formales** destaca el uso de **versos endecasílabos** y **heptasílabos** con los que se construyen las **estrofas** más frecuentes del Renacimiento: la **lira,** la **estancia,** la **octava real** y los **tercetos encadenados.**
  - Entre los poemas, son característicos el **soneto** (versos endecasílabos con rima consonante agrupados en dos cuartetos y dos tercetos) y la **silva** (serie ilimitada de versos heptasílabos y endecasílabos con rima consonante).

3 **Analisis literario.** Lee estas estrofas de la *Oda a la vida retirada,* de Fray Luis de León, y contesta las preguntas que se plantean.

¡Qué descansada vida
la del que huye el mundanal ruïdo
y sigue la escondida
senda, por donde han ido
los pocos sabios que en el mundo han sido! [...]
¡Oh monte, oh fuente, oh río!
¡Oh secreto seguro, deleitoso!,
roto casi el navío,
a vuestro almo reposo
huyo de aqueste mar tempestuoso. [...]

Despiértenme las aves
con su cantar sabroso no aprendido;
no los cuidados graves,
de que es siempre seguido
el que al ajeno arbitrio está atenido.
Vivir quiero conmigo;
gozar quiero del bien que debo al cielo,
a solas, sin testigo,
libre de amor, de celo,
de odio, de esperanzas, de recelo.

- ¿Qué es lo que desea el emisor?

- ¿A quiénes considera sabios?

- ¿Qué tópico clásico se desarrolla en este poema?

4 **Análisis métrico.** Mide los versos y señala la rima. ¿De qué tipo de estrofa se trata?

5 **Otros rasgos.** ¿Qué otros rasgos renacentistas aparecen en estos versos?

15.3. Garcilaso de la Vega

- **Garcilaso de la Vega** fue uno de los poetas más destacados del **Renacimiento español.**
- El **tema** más recurrente de su **poesía** es la **queja amorosa** por el **rechazo** o por la **muerte de la amada.**
- Para expresar sus **sentimientos** Garcilaso utiliza en sus poemas la **primera persona,** o los pone en boca de **pastores** o **personajes de la mitología.**
- Compuso **sonetos, églogas, epístolas, elegías** y **canciones.**
- Entre los **recursos expresivos** más utilizados por este autor destacan una profusa **adjetivación,** los **epítetos,** las **comparaciones** y las **metáforas.**

6 **Análisis de textos literarios.** Lee los siguientes textos, realiza su análisis métrico y señala el tipo de estrofa o de poema de que se trata.

Texto I

¿Quién me dijera, Elisa, vida mía,
cuando en aqueste valle al fresco viento
andábamos cogiendo tiernas flores,
que había de ver, con largo apartamiento,
venir el triste y solitario día
que diese amargo fin a mis amores?
El cielo en mis dolores
cargó la mano tanto
que a sempiterno llanto
y a triste soledad me ha condenado;
y lo que siento más es verme atado
a la pesada vida y enojosa,
solo, desamparado,
ciego, sin lumbre en cárcel tenebrosa.

Texto II

Dafne, con el cabello suelto al viento,
sin perdonar al blanco pie corría
por áspero camino tan sin tiento
que Apolo en la pintura parecía
que, porque ella templase el movimiento,
con menos ligereza la seguía;
él va siguiendo, y ella huye como
quien siente al pecho el odïoso plomo.

Texto I →

Texto II →

- ¿De qué se queja el emisor en el Texto I? ¿Qué es lo que más lamenta?

- Explica con tus palabras el contenido del Texto II. Recuerda que Cupido lanzaba flechas de oro para el amor y de plomo para el odio.

7 **Recursos expresivos.** Busca en los textos recursos propios de la poesía de Garcilaso.

15.4. Poesía ascética y mística

- En la segunda mitad del **siglo XVI** floreció una literatura mística y ascética que conciliaba la **temática religiosa** con las **formas poéticas renacentistas.**
  - Las **experiencias místicas** consistían en la **unión** del **alma** humana con **Dios** en vida.
  - El **ascetismo** buscaba **purificar el alma** alejándose de los **placeres terrenales.**
- **San Juan de la Cruz,** representante del **misticismo,** utiliza en sus versos **imágenes del amor humano:** convierte el alma en una joven que busca a su Amado o Esposo (Dios). Sus poemas mayores son ***Noche oscura del alma, Llama de amor viva*** y ***Cántico espiritual.***
- **Fray Luis de León,** poeta **ascético,** propone en su obra un **modelo de conducta:** alejarse de los placeres terrenales y vivir con sencillez en contacto con la naturaleza.

8 **Poesía religiosa.** Lee atentamente el poema y contesta las cuestiones que se plantean.

¿Adónde te escondiste,
Amado, y me dejaste con gemido?
Como el ciervo huiste,
habiéndome herido;
salí tras ti clamando, y eras ido.

Pastores los que fuerdes
allá por las majadas al otero,
si por ventura vierdes
Aquel que yo más quiero,
decidle que adolezco, peno y muero.

Buscando mis amores,
iré por esos montes y riberas,
ni cogeré las flores,
ni temeré las fieras,
y pasaré los fuertes y fronteras.

San Juan DE LA CRUZ
Poesías, Crítica

- ¿A quién se dirige el emisor en la primera estrofa? ¿Y en la segunda?
- ¿Quién se supone que es ese emisor? ¿En qué persona habla?
- ¿Cuál es, pues, el tema del poema?

9 **Analisis métrico.** Mide la primera estrofa e indica su nombre. Comprueba si son o no similares las otras estrofas.

10 **Recursos expresivos.** Localiza en los versos anteriores ejemplos de estos recursos.

Anáfora

Comparación

11 **Rasgos de época.** ¿Qué otros rasgos del Renacimiento hay en estos versos? Ejemplifica con el texto.

15.5. La prosa renacentista

El panorama de la **prosa narrativa del siglo** XVI es muy variado, ya que en él conviven **nuevos tipos de novela** con otros **iniciados en la Edad Media** y con algunos surgidos a imitación de los de la **Antigüedad clásica:**

- **Novela de caballerías.** Está protagonizada por un caballero andante que lucha en defensa de la justicia y la lealtad y para demostrar a su dama el amor que le profesa.
- **Novela pastoril.** Relatos de pastores idealizados que cuentan sus desventuras amorosas.
- **Novela bizantina.** Narra aventuras en el mar protagonizadas por enamorados.
- **Novela morisca.** Sus protagonistas son moros y cristianos idealizados, durante la Reconquista.
- **Novela picaresca.** Recoge episodios de la vida de un pícaro, que narra en primera persona sus desventuras. Se trata de obras realistas protagonizadas por antihéroes.

12 **Tipos de novela.** Lee estos fragmentos e indica a qué tipo de novela pertenece cada uno.

I. Venía, pues, el triste Sireno los ojos hechos fuentes, el rostro mudado, y el corazón tan hecho a sufrir desventuras, que si la fortuna le quisiera dar algún contento, fuera menester buscar otro corazón nuevo. [...] Arrimose al pie de una haya, comenzó a tender sus ojos por la hermosa ribera hasta que llegó con ellos al lugar donde primero había visto la hermosura, gracia, honestidad de la pastora Diana, aquella en quien Naturaleza sumó todas las perfecciones.

II. Mi padre, que Dios perdone, tenía cargo de proveer una molienda de una aceña que está ribera de aquel río, en la cual fue molinero más de quince años. Y estando mi madre una noche en la aceña, preñada de mí, tomole el parto y pariome allí. De manera que con verdad me puedo decir nacido en el río.

III. Yo iba de Cartama a Coín [...] el más ufano Abencerraje que nunca se vio, [...] a casarme con mi señora. Véome ahora herido, cautivo, y vencido: y lo que más siento es que el término y coyuntura de mi bien se acaba esta noche. Déjame, pues, cristiano consolar entre mis suspiros, y no los juzgues flaqueza [...]. Rodrigo de Narváez quedó espantado y apiadado del extraño acontecimiento del moro: y pareciéndole que para su negocio, ninguna cosa le podría dañar más que la dilación, le dijo: Abindarráez, quiero que veas que puede más mi virtud, que tu ruin fortuna. Si tú me prometes como caballero volver a mi prisión dentro del tercer día, yo te daré libertad para que sigas tu camino.

- El **Texto I** es un fragmento de una novela ________________. Lo sé porque __________
- El **Texto II** es un fragmento de una novela ________________. Lo sé porque __________
- El **Texto III** es un fragmento de una novela ________________. Lo sé porque __________

15.6. El *Lazarillo de Tormes*

- El ***Lazarillo de Tormes*** es una **novela picaresca** protagonizada por **Lázaro,** hijo de **padres sin honra,** que debe servir a **muchos amos** para conseguir **no morir de hambre.**
- Esta obra es una **falsa autobiografía** estructurada en **forma de carta,** en la que Lázaro, a petición de «Vuestra Merced», se propone **explicar la deshonrosa situación** en la que vive.
- El protagonista **selecciona** para su relato solo **aquellos episodios** que permiten que entendamos **cómo ha llegado a ser pregonero de vinos** y por qué este oficio tan bajo es considerado por él como el *colmo de la buena fortuna.*
- En el *Lazarillo* se presenta la **situación de la España** de la época; a través de los **diversos amos** se critica a los distintos **grupos sociales** —los clérigos, el pueblo, la nobleza—.

13 **Un fragmento del *Lazarillo.*** Lee el texto y responde a las preguntas que se plantean.

Un día [...] en el pobre poder de mi amo entró un real. Con el cual él vino a casa y [...] me lo dio, diciendo: «Toma, Lázaro, [...] ve a la plaza, merca pan y vino y carne; ¡quebremos el ojo al diablo! Y más te hago saber, por que te huelgues: que he alquilado otra casa y en esta desastrada no hemos de estar más de en cumpliendo el mes. [...]. Por nuestro Señor, cuanto ha que en ella vivo, gota de vino ni bocado de carne no he comido ni he habido descanso ninguno [...]».

Tomo mi real y jarro y, [...] yendo la calle arriba, echando mi cuenta en lo que le emplearía que fuese mejor y más provechosamente gastado, dando infinitas gracias a Dios que a mi amo había hecho con dinero, a deshora me vino al encuentro un muerto, que por la calle abajo muchos clérigos y gente en unas andas traían.

Arrimeme a la pared, por darle lugar, y desque el cuerpo pasó, venía luego a par del lecho una que debía ser mujer del difunto cargada de luto [...]; la cual iba llorando a voces y diciendo: «Marido y señor mío: ¿adónde os me llevan? ¡A la casa triste y desdichada, a la casa lóbrega y obscura, a la casa donde nunca comen y beben!»

Yo que aquello oí, juntóseme el cielo con la tierra y dije: «Oh desdichado de mí! Para mi casa llevan este muerto.»

Lazarillo de Tormes, Espasa Calpe

- ¿Qué le ha sucedido al amo de Lázaro desde que está en esta casa?

- ¿Por qué cree Lázaro que llevan el muerto a su casa?

14 **Novela picaresca.** Explica con ejemplos del texto los rasgos de la novela picaresca.

15.7. Cervantes y el *Quijote*

- Miguel de **Cervantes** Saavedra fue **poeta, dramaturgo** y, sobre todo, **narrador.**
- Entre sus obras narrativas destacan ***La Galatea, Los trabajos de Persiles y Segismunda***, las ***Novelas ejemplares*** y, por supuesto, ***Don Quijote de La Mancha***.
- El *Quijote*, publicado en dos partes, una en 1605 y otra en 1615, se considera la **primera novela moderna** por sus **personajes,** por la **historia** y por los **recursos narrativos** utilizados:
  - El **autor** se presenta como un **mero copista** de un manuscrito que ha encontrado.
  - Emplea el **diálogo** como manera de **desvelar** la **forma de ser** de cada personaje.
  - La **personalidad de los protagonistas** no permanece fija, sino que se va **modificando** a medida que transcurre el relato **por mutua influencia.**
  - Cervantes recurre al **humor,** que resulta del **choque** entre las **personalidades** de los protagonistas y de las **aventuras disparatadas** que viven (las heroicidades de las novelas de caballería son aventuras **llenas de fracasos y desencantos**).

15 **Análisis de textos.** Lee con atención el siguiente fragmento y responde a las preguntas.

El cuadrillero […], alzando el candil con todo su aceite, dio a don Quijote con él en la cabeza, de suerte que le dejó muy descalabrado; y como todo quedó a escuras, saliose luego. Y Sancho Panza dijo:

—Sin duda, señor, que este es el moro encantado, y debe de guardar el tesoro para otros, y para nosotros solo guarda las puñadas y los candilazos.

—Así es —respondió don Quijote— y no hay que hacer caso de estas cosas de encantamientos […] que, como son invisibles y fantásticas, no hallaremos de quién vengarnos […]. Levántate, Sancho, si puedes, y llama al alcaide de esta fortaleza, y procura que se me dé un poco de aceite, vino, sal y romero para hacer el salutífero bálsamo […].

El ventero le proveyó de cuanto quiso, y Sancho se lo llevó a don Quijote, que estaba con las manos en la cabeza, quejándose del dolor del candilazo, que no le había hecho más mal que levantarle dos chichones algo crecidos, y lo que él pensaba que era sangre no era sino sudor que sudaba, con la congoja de la pasada tormenta.

En resolución, él tomó sus simples, de los cuales hizo un compuesto mezclándolos todos y cociéndolos un buen espacio, hasta que le pareció que estaban en su punto. […] y apenas lo acabó de beber, cuando comenzó a vomitar, de manera, que no le quedó cosa en el estómago […] y se sintió aliviadísimo de cuerpo […] y verdaderamente creyó que había acertado con el bálsamo de Fierabrás y que con aquel remedio podía acometer desde allí adelante, sin temor alguno, cualesquiera ruinas, batallas y pendencias, por peligrosas que fuesen.

Miguel de Cervantes
Don Quijote de la Mancha, Aguilar

- ¿Quién golpea a don Quijote? Los protagonistas, ¿a quién lo achacan?
- ¿Por qué dice don Quijote que no puede vengarse?
- ¿Están de verdad los personajes en una fortaleza?
- El bálsamo de Fierabrás era una poción mágica capaz de curar todo mal. ¿Crees que don Quijote lo ha encontrado? ¿Por qué se confunde?

Texto I

Ginés, que no era ni agradecido ni bien intencionado, acordó de hurtar el asno a Sancho Panza, no curándose de Rocinante, por ser prenda tan mala para empeñada como para vendida. [...]

Salió el aurora alegrando la tierra y entristeciendo a Sancho Panza, porque halló menos su rucio, el cual, viéndose sin él, comenzó a hacer el más triste y doloroso llanto del mundo [...]:

—¡Oh hijo de mis entrañas, nacido en mi mesma casa, brinco de mis hijos, regalo de mi mujer, envidia de mis vecinos, alivio de mis cargas, y, finalmente, sustentador de la mitad de mi persona, porque con veinte y seis maravedís que ganabas cada día mediaba yo mi despensa!

Don Quijote, que vio el llanto y supo la causa, consoló a Sancho con las mejores razones que pudo, y le rogó que tuviese paciencia, prometiéndole de darle una cédula de cambio para que le diesen tres [asnos] *de su casa, de cinco que había dejado en ella.*

Texto II

—La libertad, Sancho, es uno de los más preciosos dones que a los hombres dieron los cielos; con ella no pueden igualarse los tesoros que encierra la tierra ni el mar encubre; por la libertad así como por la honra se debe aventurar la vida. [...] Digo esto, Sancho, porque bien has visto el regalo, la abundancia que en este castillo hemos tenido; pues mitad de aquellos banquetes sazonados y de aquellas bebidas de nieve me parecía a mí que estaba metido en las estrecheces del hambre, pues no los gozaba con libertad. [...]

—Con todo eso —dijo Sancho— que vuestra merced me ha dicho, no es bien que se quede sin agradecimiento de nuestra parte doscientos escudos de oro que en una bolsilla me dio el mayordomo del duque [...], que no siempre hemos de hallar castillos donde nos regalen, que tal vez toparemos con algunas ventas donde nos apaleen.

16 **Los protagonistas.** ¿Qué características de la personalidad de los protagonistas observas en estos textos? Subraya con colores diferentes las frases que te han permitido identificarlas.

	Texto I	Texto II
Don Quijote		
Sancho		

17 **El humor.** Explica con tus palabras los elementos de humor que aparecen en el Texto I.

15 Prueba de evaluación

A la entrada de un valle, en un desierto
do nadie atravesaba ni se vía,
vi que con extrañeza un can hacía
extremos de dolor con desconcierto:
ahora suelta el llanto al cielo abierto,
ora va rastreando por la vía;
camina, vuelve, para, y todavía
quedaba desmayado como muerto.
Y fue que se apartó de su presencia
su amo, y no le hallaba, y esto siente:
mirad hasta dó llega el mal de ausencia.
Moviome a compasión ver su accidente;
díjele, lastimado: «Ten paciencia,
que yo alcanzo razón, y estoy ausente.»[1]

Garcilaso DE LA VEGA
Poesías completas. Castalia

[1]que yo soy un ser racional y, sin embargo, también sufro por la ausencia de un ser querido.

1 **¿Qué se describe en este poema?**

La pena de un perro por la ausencia de su amo. ☐

Una persona que vive en un lugar solitario. ☐

Un paisaje idílico en la naturaleza. ☐

2 **Mide los versos, señala la rima e indica de qué tipo de poema se trata.**

3 **Menciona algunas de las innovaciones formales (tipos de versos, estrofas, poemas) de la lírica renacentista y, por lo menos, cuatro de los temas más recurrentes.**

4 **Escribe lo que sepas sobre la poesía de Garcilaso de la Vega.**

Tema más frecuente →

Recursos expresivos usuales →

Formas en que muestra sus sentimientos →

5 **¿Qué es la poesía religiosa? ¿Cuáles son sus dos corrientes? Menciona a los dos representantes más destacados de esta lírica.**

6 **Lee atentamente el siguiente fragmento y completa el recuadro.**

Pensé muchas veces irme de aquel mezquino amo; mas por dos cosas no lo dejaba: la primera, por no me atrever a mis piernas, por temor de flaqueza, que de pura hambre me venía; la otra, consideraba y me decía: «Yo he tenido dos amos: el primero traíame muerto de hambre, y dejándole, topé con estotro, que me tiene ya con ella en la sepultura; pues si desisto y doy en otro más bajo, ¿qué será sino fenecer?»

Con esto no me osaba menear. Porque tenía por fe que todos los grados había de hallar más ruines. Y a bajar otro punto, no sonaba Lázaro ni se oyera en el mundo.

- El fragmento pertenece a ______
- Esta obra es una novela ______, ya que ______

______

7 **Indica a qué tipo de novelas renacentistas podrían corresponder estas historias.**

Una pareja de jóvenes enamorados vive peligrosas aventuras en el mar.

Novela ______

Dos pastores idealizados se cuentan sus desventuras amorosas.

Novela ______

Un caballero andante lucha para demostrar el amor a su dama y hacer valer su honor.

Novela ______

Se narra una historia amorosa en la que participan moros y cristianos durante la Reconquista.

Novela ______

8 **Señala los motivos que existen para considerar *Don Quijote de La Mancha* una novela moderna (no olvides hablar de la historia, los personajes y los recursos narrativos).**

16 La literatura barroca

16.1. Características generales

- El **barroco** es el **movimiento cultural** que refleja la **decadencia social, económica** y **política** que sufría la **España** del **siglo** XVII.
- La mentalidad barroca está cargada de **pesimismo** y **desengaño:** la **vida** dura apenas un **instante;** todo es **fugaz** y **efímero;** el **tiempo** y la **muerte** acaban con todo.
- El **pesimismo** contrasta con la **exaltación de la vida** y el intenso **afán de gozar** del hombre barroco; por eso, la **literatura** de esta época está **llena de contrastes.**
- La **literatura barroca** heredó las **formas** y los **temas del Renacimiento,** que intensificó y enrevesó, y a los que añadió **nuevos asuntos** derivados de la crisis imperante.
- El **autor barroco** desea, ante todo, mostrarse novedoso para **sorprender al lector.** Consigue esto con textos que ofrecen **dificultad** en el **contenido** o en la **forma.**

1 **Poemas barrocos.** Lee con atención los siguientes poemas y contesta las preguntas.

En las mañanicas
del mes de mayo
cantan los ruiseñores,
retumba el campo.
En las mañanicas,
como son frescas,
cubren ruiseñores
las alamedas. [...]

Vístense las plantas
de varias sedas
que sacar colores
poco les cuesta.
Los campos alegran
tapetes varios,
cantan los ruiseñores,
retumba el campo.

Lope DE VEGA
Poesías, Bruguera

La aurora ayer me dio cuna,
la noche ataúd me dio;
sin luz muriera si no
me la prestara la luna:
pues de vosotras ninguna
deja de acabar así,
aprended, flores, en mí
lo que va de ayer a hoy,
que ayer maravilla fui,
y hoy sombra mía aun no[1] soy.

Luis DE GÓNGORA
Letrillas, Castalia

[1]**aun no:** ni siquiera.

- ¿Qué se describe en el poema de Lope de Vega?

- En el poema de Góngora, la flor de la maravilla se dirige a otras flores; ¿qué les dice?

2 **Ideología y literatura.** Indica qué actitudes ante la vida presenta cada uno de los textos y relaciónalos con la mentalidad barroca.

16.2. La lírica barroca

- En la **lírica barroca** perviven los **temas renacentistas** (el amor, la naturaleza y la mitología, el *beatus ille* y el *carpe diem*), pero se incrementan los **elementos de color y de sonoridad,** así como la **intensidad** (el amor supera a la muerte, y la belleza de la dama, a la naturaleza), y aparece el **tono burlesco.**
- Se incorporan **nuevos asuntos morales, filosóficos** y **religiosos;** muchos textos muestran una **visión crítica de la sociedad,** especialmente del **dinero** y de la **hipocresía.**
- Los poetas barrocos emplearon un **estilo artificioso,** lleno de **referencias cultas** y de **expresiones con múltiples sentidos** para hacer pensar al lector.
- Se emplearon tanto **versos** y **estrofas cultas** (sonetos, octavas...) como **populares** (octosílabos, romances...).

3 Poema de amor. En este poema, el autor describe a una mujer. Léelo con atención y di en qué versos se detalla cada uno de los siguientes rasgos físicos; señala y explica qué metáfora se emplea para ello.

De pura honestidad templo sagrado,
cuyo bello cimiento y gentil muro
de blanco nácar y alabastro duro
fue por divina mano fabricado;
pequeña puerta de coral preciado,
claras lumbreras de mirar seguro,
que a la esmeralda fina del verde puro
habéis para viriles usurpado;
soberbio techo, cuyas cimbrias de oro
al claro sol, en cuanto en torno gira,
ornan de luz, coronan de belleza;
ídolo bello, a quien humilde adoro,
oye piadoso al que por ti suspira,
tus himnos canta, y tus virtudes reza.

Luis DE GÓNGORA
Sonetos completos, Castalia

Cuerpo entero →

Color de la piel →

Boca y labios →

Ojos →

Cabeza →

Cabello →

- Rodea todas las palabras del poema que hagan referencia a los colores.
- Explica razonadamente por qué puede decirse que esta composición de Góngora es un poema amoroso.

4 Métrica. Realiza el análisis métrico e indica de qué tipo de composición se trata.

16.3. Góngora y Quevedo

- **Luis de Góngora** y **Francisco de Quevedo** son dos de los más importantes **representantes** de la **lírica barroca.**
- **Gongora** cultivó **formas poéticas populares** (romances, letrillas) y **cultas** (sonetos), en los que abordó tanto **asuntos serios** como **amorosos** o de **carácter burlesco.** Sus poemas extensos son las *Soledades* y la *Fábula de Polifemo y Galatea.*
- **Quevedo** destacó por los **juegos de palabras** y la intensa **emoción** de sus poemas. En sus texos aborda los más **diversos temas** desde diferentes perspectivas:
  - El **amor,** que puede llegar a superar a la muerte, pero al que también achaca falsedades y engaños.
  - La **existencia,** la **fugacidad de la vida** y la llegada de la **muerte,** abordadas con tonos dolorosos y dramáticos, pero también resignados.
  - La **sociedad,** el **dinero** y la **hipocresía,** a los que critica duramente. Se ríe también de los tipos y las costumbres sociales.

5 **Temas poéticos.** Relaciona cada texto con la temática que aborda. Justifica en los tres casos tus respuestas.

Texto I

Miré los muros de la patria mía,
si un tiempo fuertes, ya desmoronados,
de la carrera de la edad cansados,
por quien caduca ya su valentía.

Salime al campo: vi que el sol bebía
los arroyos del yelo desatados,
y del monte quejosos los ganados,
que con sombras hurtó su luz al día.

Entré en mi casa; vi que, amancillada,
de anciana habitación era despojos;
mi báculo, más corvo y menos fuerte;

vencida de la edad sentí mi espada.
Y no hallé cosa en que poner los ojos
que no fuese recuerdo de la muerte.

Francisco de Quevedo

Texto II

Don Repollo y doña Berza
de una sangre y de una casta,
si no caballeros pardos,
verdes fidalgos de España,
casáronse, y a la boda
de personas tan honradas,
que sustentan ellos solos
a lo mejor de Vizcaya,
de los solares del campo
vino la nobleza y gala
que no todos los solares
han de ser de la montaña.

Francisco de Quevedo

Texto III

Todo se vende este día,
todo el dinero lo iguala:
la Corte vende su gala,
la guerra su valentía;
hasta la sabiduría
vende la Universidad:
¡verdad!

Luis de Góngora

- Crítica social →
- Burla amorosa →
- Reflexión sobre la vida →

6 Realiza el análisis métrico de los tres poemas.

16.4. La prosa barroca

- La **prosa barroca** presenta dos orientaciones:
  - **Prosa didáctica.** Su finalidad era **educar al lector.** Destacan los *Sueños* y *La hora de todos y la Fortuna con seso,* de Francisco de Quevedo, y *El criticón,* de Baltasar Gracián, obra de crítica social y moral.
  - **Prosa narrativa.** Estaba destinada al **entretenimiento.** Los géneros característicos fueron la **novela corta de estilo italiano** y la **novela picaresca.**
- En la **novela picaresca barroca** perviven los rasgos del género fijados por el *Lazarillo,* pero hay una **mayor reflexión moral** y un **incremento del humor.** Destacan el *Guzmán de Alfarache,* de Mateo Alemán, y el *Buscón,* de Francisco de Quevedo.

7 Análisis de textos. Lee el fragmento y responde a las cuestiones que se plantean.

Acabaron de comer y quedaron unos mendrugos en la mesa y en el plato unos pellejos y unos güesos, y dijo el pupilero: «Quede esto para los criados, que también han de comer, no lo queramos todo». «¡Mal te haga Dios y lo que has comido, lacerado», decía yo, «que tal amenaza has hecho a mis tripas!» Echó la bendición, y dijo: «Ea, demos lugar a los criados y váyanse hasta las dos a hacer ejercicio, no les haga mal lo que han comido». Entonces yo no pude tener la risa, abriendo toda la boca. Enojose mucho y díjome que aprendiese modestia y tres o cuatro sentencias viejas, y fuese. Sentámonos nosotros, y yo, […] arremetí al plato, como arremetieron todos, y emboqueme de tres mendrugos los dos y el un pellejo. Comenzaron los otros a gruñir; al ruido entró Cabra diciendo: «Coman como hermanos, pues Dios les da con qué; no riñan, que para todos hay». Volviose al sol y dejonos solos. Certifico a vuesa merced que había uno dellos que se llamaba Surre, vizcaíno, tan olvidado ya de cómo y por dónde se comía, que una cortecilla que le cupo la llevó dos veces a los ojos, y entre tres no la acertaba a encaminar de las manos a la boca.

Francisco DE QUEVEDO
Historia de la vida del buscón, Aguilar

- ¿Qué deja el pupilero a los criados para comer?

- ¿De qué se ríe el personaje narrador?

- ¿Qué le sucede a Surre?

- Indica en qué persona está narrado el texto y a quién se dirige el narrador.

8 Novela picaresca. ¿Qué rasgos de la novela picaresca aparecen en el fragmento?

16.5. El teatro barroco: Lope de Vega

- La fórmula teatral más representativa del barroco fue la **comedia nacional** o **comedia nueva**, creada por **Lope de Vega**, que triunfó en los **corrales de comedias**.
- Las comedias nuevas se caracterizan por estar **escritas en verso**, mezclar **elementos trágicos y cómicos** y romper la **regla de las tres unidades** (tiempo, lugar y acción).
- Los **temas** principales son el **amor**, la **honra**, la **religión**, la **historia** y la **mitología**.
- Los **personajes** característicos son el **galán** y la **dama** (protagonistas habituales), el **padre** o el **hermano** (reparadores de la honra familiar), el **gracioso** (que introduce el humor), el **poderoso** (noble causante del conflicto) y el **rey** (que imparte justicia).
- En el **teatro de Lope**, destinado a un público amplio, predomina la **acción**, con **numerosos personajes** y destacan los **diálogos**, llenos **de lirismo** y de **musicalidad**.
- Algunas de sus obras son *Fuente Ovejuna, Peribáñez y el comendador de Ocaña, El caballero de Olmedo.*

9 Análisis de un texto teatral. Lee el fragmento y responde las preguntas.

- ¿Por qué han matado los habitantes de Fuente Ovejuna al comendador?
- ¿A quién van a pedir justicia? ¿Con qué actitud se presentan ante esta persona?
- ¿Qué respuesta obtienen?
- Señala en el texto rasgos propios de la comedia nacional y, en particular, del teatro de Lope de Vega.

ISABEL.—*¿Los agresores son estos?*
ESTEBAN.—*Fuente Ovejuna, señora,*
que humildes llegan agora
para serviros dispuestos.
La sobrada tiranía
y el insufrible rigor
del muerto comendador,
que mil insultos hacía,
fue el autor de tanto daño.
Las haciendas nos robaba
y las docellas forzaba
siendo de piedad extraño.
FRONDOSO.—*Tanto, que aquesta zagala,*
que el cielo me ha concedido, [...]
cuando conmigo casó,
aquella noche primera,
mejor que si suya fuera,
a su casa la llevó. [...]
ESTEBAN.—*Señor, tuyos ser queremos.*
Rey nuestro eres natural,
y con título de tal
ya tus armas puesto habemos.
Esperamos tu clemencia. [...]
REY.—*Pues no puede averiguarse*
el suceso por escrito,
aunque fue grave el delito,
por fuerza ha de perdonarse.

Lope de Vega
Fuente Ovejuna, Espasa Calpe

16.6. Calderón de la Barca

- Calderón de la Barca, otro de los autores destacados del teatro barroco, escribe para un **público más aristocrático** que el de Lope de Vega, por lo que sus **obras** son más **complejas** y tienen una **mayor carga ideológica.**
- En el teatro calderoniano hay **pocos personajes,** y tienen, en general, un carácter **introvertido,** por lo que son frecuentes los **monólogos.**
- En sus textos, Calderón aborda **temas abstractos,** como el sentido de la existencia, la libertad, la desigualdad humana…
- Algunos de sus dramas son *La vida es sueño* y *El alcalde de Zalamea;* entres sus **autos sacramentales** destacan *El gran teatro del mundo* y *La cena del rey Baltasar.*

10 **Teatro de Calderón.** Lee este fragmento de una obra de Calderón y responde.

SEGISMUNDO.—*Sueña el rey que es rey, y vive*
con este engaño mandando,
disponiendo y gobernado;
y este aplauso que recibe
prestado, en el viento escribe;
y en cenizas le convierte
la muerte (¡desdicha fuerte!).
[…] Sueña el rico en su riqueza,
que más cuidados le ofrece;
sueña el pobre que padece
su miseria y su pobreza;
sueña el que a medrar empieza,
sueña el que afana y pretende,
sueña el que agravia y ofende,
y en el mundo, en conclusión,
todos sueñan lo que son,
aunque ninguno lo entiende. […]
¿Qué es la vida?, un frenesí;
¿qué es la vida?, una ilusión,
una sombra, una ficción,
y el mayor bien es pequeño;
que toda la vida es sueño,
y los sueños, sueños son.

Calderón DE LA BARCA
La vida es sueño, Espasa Calpe

- ¿Qué tipo de texto teatral es este? Marca la respuesta correcta.

  Diálogo. ☐ Monólogo. ☐ Aparte. ☐ Acotación. ☐

- ¿Acerca de qué reflexiona Segismundo? ¿Cuáles son sus conclusiones?

11 **Diferencias dramáticas.** Completa el cuadro con las diferencias que encuentres entre este texto y el de Lope de Vega de la página anterior.

	Lope de Vega	Calderón de la Barca
Tipo textual		
Temas		
Personajes		
Lenguaje		

1 **Lee el texto y resuelve las actividades que se plantean a continuación.**

Ilustre y hermosísima María,
mientras se dejan ver a cualquier hora
en tus mejillas la rosada Aurora,
Febo[1] *en tus ojos y en tu frente el día,*

y mientras con gentil descortesía
mueve el viento la hebra voladora
que la Arabia en sus venas atesora
y el rico Tajo en sus arenas cría;

antes que de la edad Febo eclipsado,
y el claro día vuelto en noche obscura,
huya la aurora del mortal nublado;

antes que lo que hoy es rubio tesoro
venza a la blanca nieve su blancura,
goza, goza el color, la luz, el oro.

Luis de Góngora
Sonetos completos, Castalia

[1]**Febo:** sol, Helios.

- ¿A quién se dirige el emisor?

- ¿Qué partes del cuerpo se describen? ¿Con qué elementos de la naturaleza se relacionan?

- ¿Qué dice el emisor que les sucederá a estos atributos físicos?

- ¿Qué tópico del Renacimiento se trata en este poema? ¿Qué diferencias encuentras en el tratamiento dado?

2 **Realiza ahora el análisis métrico del poema. ¿De qué tipo de composición se trata?**

3 **Explica cuanto sepas sobre los temas de la lírica en el barroco.**

4 **Señala si estas afirmaciones sobre el teatro barroco son verdaderas (V) o falsas (F).**

La fórmula teatral más representativa del barroco fue la comedia nacional. ☐

El creador de la comedia nueva fue Calderón de la Barca. ☐

Las obras de la comedia nueva están escritas en verso. ☐

En estas obras dramáticas se respeta la regla de las tres unidades. ☐

El espacio teatral característico de la época son las salas comerciales. ☐

5 **Expón lo que sepas sobre los temas y los personajes del teatro barroco.**

Temas

Personajes

6 **¿Qué diferencias hay entre el teatro de Lope de Vega y el de Calderón de la Barca?**

7 **La prosa barroca presenta dos tendencias. Di cuáles son y explícalas brevemente.**

8 **Indica el género y el autor de las siguientes obras.**

	GÉNERO	AUTOR
Fábula de Polifemo y Galatea		
El gran teatro del mundo		
Fuente Ovejuna		
El criticón		
El *Buscón*		
El caballero de Olmedo		
Guzmán de Alfarache		

17 La literatura del siglo XVIII

17.1. Características generales

- La **Ilustración** es un **movimiento cultural** que se desarrolló en **Europa** a lo largo del **siglo** XVIII, conocido también como el **Siglo de las Luces.**
- Para los ilustrados, el **hombre** puede, gracias a la **razón,** analizar los **problemas sociales y personales** y **encontrarles soluciones,** sin tener que recurrir a explicaciones religiosas.
- Entre los ilustrados existe una fe firme en el **progreso material** y **espiritual,** que constituye el objetivo de toda su **actividad reformadora.**
- La **literatura** ilustrada aspira a ser un instrumento de **divulgación de ideas** y de **educación** de la sociedad.
- El **respeto a las normas** y el **buen gusto** (frente al ansia de novedad y de sorpresa barroca) se erigen en los principios **reguladores de la creación literaria.** Esta tendencia estética se conoce como **neoclasicismo.**

1 Literatura e Ilustración. El fragmento siguiente es un ejemplo de la opinión que tienen los ilustrados acerca de la literatura.

De este carácter peculiar de las representaciones dramáticas se deduce que el gobierno no debe considerar el teatro solamente como una diversión pública, sino como un espectáculo capaz de instruir o extraviar el espíritu y de perfeccionar o corromper el corazón de los ciudadanos. Se deduce también que un teatro que aleje los ánimos del conocimiento de la verdad fomentando doctrinas y preocupaciones erróneas, o que desvíe los corazones de la práctica de la virtud excitando pasiones y sentimientos viciosos, lejos de merecer la protección merecerá el odio y la censura de la pública autoridad. Se deduce finalmente que será la más santa y sabia policía de un gobierno aquella que sepa reunir en un teatro estos dos grandes objetos: la instrucción y la diversión pública.

Gaspar Melchor DE JOVELLANOS
Memoria para el arreglo de la policía de los espectáculos…, Biblioteca Virtual Cervantes

- ¿De qué género literario se habla en el texto?
- Enumera los efectos positivos y negativos que se atribuyen a este género.

Efectos positivos →

Efectos negativos →

2 Ideas ilustradas. ¿Qué ideas de los ilustrados se reflejan en el texto?

17.2. La prosa del siglo XVIII

- La **prosa de la Ilustración** fue, fundamentalmente, **prosa didáctica,** ya que la **finalidad de entretener** al público, propia de la prosa narrativa, **era considerada poco importante.**
- Los tipos de textos más cultivados fueron los **informes,** los **libros de viajes,** las **cartas** y, sobre todo, los **ensayos.**
- Los autores más destacados de esta época son:
  - **Benito Jerónimo Feijoo,** monje interesado en **eliminar las supersticiones** y falsas creencias; escribió *Cartas eruditas y curiosas* y *Teatro crítico universal.*
  - **Gaspar Melchor de Jovellanos,** dedicado a los **problemas económicos y sociales** de la España del momento, sobre los que escribió diversos informes: *Informe en el expediente de la ley agraria* o *Memoria sobre espectáculos y diversiones públicas.*
  - **José Cadalso,** autor de *Cartas marruecas,* obra en la que ofrece un **análisis crítico de España** por medio de las reflexiones que intercambian tres personajes.

3 **Análisis de un texto ilustrado.** Lee el pasaje y responde a las cuestiones que se plantean.

El concepto que desde el primer descubrimiento de la América se hizo de sus habitadores, y aun hoy dura entre la plebe, es que aquella gente no tanto se gobierna por razón, cuanto como por instinto [...]. Con todo, sobran testimonios de que su capacidad en nada es inferior a la nuestra. El ilustrísimo señor Palafox [...] refiere la exquisita sutileza con que un indio recobró el caballo que acababa de robarle un español. Aseguraba este, reconvenido por la justicia, que el caballo era suyo había muchos años. El indio no tenía testigo alguno del robo. Viéndose en este estrecho, prontamente echó su capa sobre los ojos del caballo, y volviéndose al español le dijo que ya que tanto había que era dueño del caballo, no podía menos de saber de qué ojo era tuerto, así, que lo dijese; el español, sorprendido y turbado, [...] respondió que del derecho. Entonces el indio, quitando la capa, mostró al juez y a todos los asistentes que el caballo no era tuerto, ni de uno ni de otro ojo, y convencido el español del robo, se le restituyó el caballo al indio.

Benito Jerónimo FEIJOO
Teatro crítico universal, Castalia

- ¿De qué falsa creencia parte Feijoo para desarrollar su escrito?
- ¿Qué opina Feijoo de ella?
- ¿En qué hecho se apoya para argumentar su tesis?

4 **Prosa ilustrada.** Completa el cuadro con las características de la prosa ilustrada que observes en el texto.

Finalidad	
Tipo de texto	
Ideas reflejadas	

17.3. La poesía del siglo XVIII

La poesía del siglo XVIII presenta tres **tendencias:**

- **Poesía ilustrada.** En estos textos se ofrecen las **ideas ilustradas** con una **finalidad didáctica,** alabando los progresos técnicos y científicos y criticando las malas costumbres de la nobleza ociosa. Destacan las fábulas.
- **Poesía rococó.** A **imitación de los clásicos,** se presentan **asuntos amorosos** y **mitológicos** en medio de una **naturaleza pastoril** en la que se **exaltan los sentidos.**
- **Poesía prerromántica.** Se da prioridad a la **expresión de los sentimientos** personales más allá del sometimiento a las normas.

5 Análisis de poemas. Lee el siguiente poema de Tomás de Iriarte, titulado *Tres potencias bien empleadas en un caballerito de estos tiempos,* y responde.

Levántome a las mil, como quien soy.
Me lavo. Que me vengan a afeitar.
Traigan el chocolate, y a peinar.
Un libro… ya leí. Basta por hoy.

Si me buscan, que digan que no estoy…
Polvos… venga el vestido verdemar…
¿Si estará ya la misa en el altar?…
¿Han puesto la berlina? Pues me voy.

Hice ya tres visitas. A comer…
Traigan barajas. Ya jugué. Perdí…
Pongan el tiro. Al campo, y a correr…

Ya doña Eulalia esperará por mí…
Dio la una. A cenar, y a recoger…
«¿Y este es un racional?» «Dicen que sí.»

- ¿En qué persona habla el emisor del texto?
- ¿De qué habla?
- ¿Qué te parece que se hace en este texto? Marca con una X la respuesta correcta.

  Exponer sentimientos. ☐ Describir costumbres. ☐ Presentar sensaciones. ☐
- En uno de los versos se hace una valoración de lo dicho en el poema. Indica en cuál y explícalo.

6 Orientación poética. Apoyándote en el contenido del poema y en la valoración que aparece en él, adscribe el texto a una de las tendencias de la poesía del siglo XVIII.

17.4. El teatro del siglo XVIII

- Los **dramaturgos** del siglo XVIII buscaron **educar desde la escena;** por eso abordaron en sus obras **temas** relacionados con la **ideología ilustrada** de los que se pudiera desprender una **enseñanza útil.**
- El teatro ilustrado se caracterizó por el sometimiento a la **regla de las tres unidades,** la **separación** de lo **trágico** y lo **cómico,** así como por la preferencia de la **prosa para la comedia** y del **verso para la tragedia.**
- En el siglo XVIII se escribieron **comedias neoclásicas** (*El sí de las niñas, La comedia nueva o el café,* de Leandro Fernández de Moratín), **tragedias neoclásicas** (*Raquel,* de Vicente García de la Huerta), **sainetes** (breves piezas humorísticas, con Ramón de la Cruz como autor más destacado) y **dramas sentimentales** (*El delincuente honrado,* de Jovellanos).

7 **Análisis de un texto teatral.** Lee el siguiente fragmento de *El sí de las niñas* y responde.

DOÑA FRANCISCA.—*Bien sabe usted lo que acabo de decirla... No permita Dios que yo la dé que sentir.*

DON DIEGO.—*Pero eso lo dice usted tan afligida y...*

DOÑA IRENE.—*Si es natural, señor. ¿No ve usted que...?*

DON DIEGO.—*Calle usted, por Dios, doña Irene, y no me diga usted a mí lo que es natural. Lo que es natural es que la chica esté llena de miedo y no se atreva a decir una palabra que se oponga a lo que su madre quiere que diga... Pero si esto hubiese, por vida mía, que estábamos lucidos.*

DOÑA FRANCISCA.—*No, señor; lo que dice su merced, eso digo yo; lo mismo. Porque en todo lo que me mande la obedeceré.*

DON DIEGO.—*¡Mandar, hija mía! En estas materias tan delicadas los padres que tienen juicio no mandan. Insinúan, proponen, aconsejan; eso sí, todo eso sí; ¡pero mandar!... ¿Y quién ha de evitar después las resultas funestas de lo que mandaron?... Pues, ¿cuántas veces vemos matrimonios infelices, uniones monstruosas, verificadas solamente porque un padre tonto se metió a mandar lo que no debiera?... ¿Cuántas veces una desdichada mujer halla anticipada la muerte en el encierro de un claustro, porque su madre o su tío se empeñaron en regalar a Dios lo que Dios no quería? ¡Eh! No, señor; eso no va bien...*

Leandro FERNÁNDEZ DE MORATÍN
El sí de las niñas, Plaza & Janés

- ¿Qué se discute en el texto?
- ¿Qué posturas defienden doña Irene y don Diego respectivamente?
- ¿Cuál es la actitud de doña Francisca?

8 **Finalidad dramática.** ¿Por qué este fragmento es un ejemplo del teatro ilustrado? Para responder, recuerda qué contenido y finalidad tienen las obras de esta tendencia.

1 **Lee con atención el texto y contesta las cuestiones que se plantean:**

Carta XXIV: de Gazel a Ben-Beley

Uno de los motivos de la decadencia de las artes [oficios] *en España es, sin duda, la repugnancia que tiene todo hijo a seguir la carrera de sus padres. En Londres, por ejemplo, hay tienda de zapatero que ha ido pasando de padres a hijos por cinco o seis generaciones, aumentándose el caudal de cada poseedor sobre el que dejó su padre hasta tener casas de campo y haciendas considerables [...]. Pero en este país cada padre quiere colocar a su hijo más alto, y si no, el hijo tiene buen cuidado de dejar a su padre más abajo; con cuyo método ninguna familia se fija en gremio alguno determinado de los que contribuyen al bien de la república por la industria, comercio o labranza, procurando todos con increíble anhelo colocarse por este o por el otro medio en la clase de los nobles, menoscabando a la república en lo que producirían si trabajaran. [...]*

En la misma posada en que vivo se halla un caballero que acaba de llegar de Indias con un caudal considerable. [...] Me ha comunicado un plan de operaciones para toda su vida, aunque cumpla doscientos años. —Ahora me voy —me dijo— a pretender un hábito; luego un título de Castilla; después un empleo en la corte; con esto buscaré una boda ventajosa para mi hija; pondré un hijo en tal parte; otro en cual parte; casaré otra hija con un marqués; otra con un conde.

José CADALSO
Cartas marruecas, Espasa Calpe

- En esta carta, Cadalso sostiene que ningún trabajador español quiere que sus hijos continúen su oficio. ¿Qué desean para sus descendientes?

- ¿Qué ejemplo pone para demostrarlo?

- ¿Qué sucede en otros países si el trabajo de los padres pasa a los hijos?

- Según Cadalso, la actitud de los españoles señalada en este texto va en contra del Estado. Explica por qué.

- ¿Qué crees que es, en conclusión, lo que se critica en esta carta?

2 **¿Por qué es este un texto de la Ilustración? ¿Qué mentalidad refleja?**

3 **Tacha la opción incorrecta y completa la afirmación del recuadro.**

El texto de José Cadalso pertenece a la **prosa narrativa / didactica,** ya que ____________

____

4 **Explica todo lo que sepas sobre los siguientes temas de la prosa del siglo XVIII.**

Tipos de textos más frecuentes →

Autores y obras representativos →

5 **¿Por qué predomina en la Ilustración la prosa didáctica?**

6 **Caracteriza las tres tendencias de la poesía del siglo XVIII.**

Poesía ilustrada

Poesía rococó

Poesía prerromántica

7 **¿A qué normativa se somete el teatro ilustrado? Explícala.**

8 **¿Qué tipos de obras teatrales se escriben en el siglo XVIII? Menciona los principales autores y obras.**

Evaluación de bloque

1 **¿A qué género y (cuando sea posible indicarlo) obra y autor de la literatura medieval pertenece cada uno de los siguientes fragmentos? Para responder, observa el tema, si se trata de prosa o verso y, en este último caso, la métrica.**

Texto I

La raposa un día con el hambre andaba;
vio al cuervo negro que en un árbol estaba:
gran pedazo de queso en la boca llevaba;
ella con su lisonja tan bien lo halagaba.

Texto II

Tenedlo así por muy cierto, doña Elvira y doña Sol.
Aquí os escarneceremos en este fiero rincón,
y nosotros nos iremos; quedaréis aquí las dos.
Ninguna parte tendréis de las tierras de Carrión.
Estas noticias irán a ese Cid Campeador.
Ahora nos vengaremos por la afrenta del león.

Texto III

Vaise mio corachón de mib.
¡Ya Rab!, si me tornarad?
Tan mal me dóled li-l-habib:
Enfermo yed, ¿cuánd sanarad?

Texto IV

Señor conde Lucanor —dijo Patronio—, me gustaría que supieseis lo que le sucedió a la golondrina con las otras aves.

Texto V

Nuestras vidas son los ríos
que van a dar en la mar,
que es el morir;
allí van los señoríos
derechos a se acabar
e consumir.

Texto VI

¿Yo? Melibeo soy, y a Melibea adoro, y en Melibea creo, y a Melibea amo.

Texto VII

—¡Afuera, afuera, Rodrigo,
el soberbio castellano!
acordársete debiera
de aquel tiempo ya pasado,
cuando fuiste caballero
en el altar de Santiago,
cuando el rey fue tu padrino,
tú, Rodrigo, el ahijado.

Texto I ➜

Texto II ➜

Texto III ➜

Texto IV ➜

Texto V ➜

Texto VI ➜

Texto VII ➜

2 **Localiza en los textos anteriores una metáfora, una personificación y una hipérbole.**

3 **Define los siguientes conceptos.**

- Cantiga de amigo:
- Cantar de gesta:
- Cuaderna vía:
- *Carpe diem:*
- Literatura mística:
- Comedia nacional:
- Ilustración:

4 **Indica si las siguientes obras pertenecen al Renacimiento, al barroco o a la Ilustración, y señala su género y su autor.**

OBRA	ÉPOCA	GÉNERO	AUTOR
Cántico espiritual			
Sueños			
Cartas marruecas			
Soledades			
La vida es sueño			
El sí de las niñas			
Fuente Ovejuna			
Lazarillo de Tormes			
Teatro crítico universal			
Novelas ejemplares			

5 **Completa la información del recuadro.**

Los **temas** más frecuentes de la **poesía del Renacimiento** son ______________________________

____

6 **Explica las innovaciones formales más destacadas de la lírica renacentista.**

7 **En el panorama narrativo del siglo XVI conviven varios tipos de novela. Menciona todos los que recuerdes, elige tres y caracterízalos.**

8 **¿Por qué se considera el *Quijote* la primera novela moderna?**

9 **Señala si estas afirmaciones sobre la literatura barroca son verdaderas (V) o falsas (F).**

La literatura barroca está llena de contrastes. ☐

En la lírica barroca se simplifican los temas y el estilo renacentistas. ☐

Góngora y Cervantes son los dos poetas más importantes del barroco. ☐

Los autores barrocos buscaban, sobre todo, sorprender al lector. ☐

10 **¿Qué rasgos caracterizan el teatro barroco español?**

11 **Explica qué tipo de prosa es la más habitual en la Ilustración y a qué crees que se debe.**

Evaluación final

Evaluación final

1 **Lee con detenimiento este texto y responde a las preguntas que se plantean.**

La cuna del español

El monasterio de Yuso (abajo) está situado en San Millán de la Cogolla [...]. Los densos bosques y las cerradas peñas que dan paso al río Najerilla (eso significa Nájera: entre peñas) se abren aquí dando lugar a un valle ancho, lleno de chopos, donde se cultivan cereales y remolacha. El pueblo de San Millán de la Cogolla nació alrededor del monasterio, o mejor dicho de los dos monasterios: el de Yuso y el de Suso [...]. El monasterio de Suso (arriba) se encuentra en una zona de hayedos y rebollos, en la que hace años eran frecuentes los osos. Fue aquí donde, en el siglo XI, los monjes escribieron una serie de anotaciones en latín, romance y euskera que comentaban o glosaban [...] los antiguos códices.

Se trata de las *Glosas emilianenses,* en las que nos encontramos con la primera manifestación escrita de una lengua romance peninsular. Fue también en este pequeño monasterio donde Gonzalo de Berceo, dos siglos después, pasó gran parte de su vida [...] dedicado a la oración y a la escritura de sus libros, unos libros que en principio no aspiraban a ser sino adaptaciones de obras piadosas escritas en latín [...]. Berceo adapta esas obras al fácil y expresivo sistema de la cuaderna vía [...]. Se ha dicho que Berceo era un juglar a lo divino, dando a entender que, aunque los temas de sus libros respondían a la doctrina cristiana, su tono era muy diferente al de los textos en que los padres de la Iglesia se dedicaban a adoctrinar a su pueblo, ya que se servía de expresiones propias de la literatura juglaresca. Y es precisamente ese sentimiento de cercanía, esa disposición amigable hacia los pequeños asuntos de la vida, lo que hace que hoy lo veneremos como el primero de nuestros poetas.

Gustavo MARTÍN GARZO
El País Semanal, 21-11-2004

- ¿A qué género periodístico (noticia, reportaje, entrevista...) pertenece el fragmento? Justifica tu respuesta.

- Señala en el texto las partes descriptivas. ¿Qué se describe? ¿En qué orden?

- Razona si se trata de una descripción científico-técnica o literaria.

2 En el texto se hace referencia a lenguas romances o románicas. Explica qué son y qué lenguas de las que se hablan hoy en España pertenecen a esta categoría.

3 ¿Qué lengua no romance hablada actualmente en España se menciona?

4 Define qué es antonimia e ilustra la definición con palabras extraídas del texto.

5 Analiza la estructura de los sintagmas destacados e indica el tipo y la función sintáctica que cumplen.

a) En ese valle se cultivan **cereales y remolacha.**

b) Nació **alrededor del monasterio.**

c) El monasterio, **San Millán de la Cogolla,** está situado en La Rioja.

d) El monasterio se encuentra **en una zona de hayedos y rebollos.**

e) Gonzalo de Berceo vivió **dedicado a la oración.**

f) Su tono era **muy diferente al de los padres de la Iglesia.**

g) Comentaban **las partes más difíciles.**

h) Nos encontramos **con la primera manifestación escrita de una lengua romance.**

Evaluación final

6 **Analiza sintácticamente las siguientes oraciones; señala el tipo de oración según su estructura gramatical y la modalidad oracional.**

a) El pueblo de San Millán de la Cogolla nació alrededor del monasterio.

b) Gonzalo de Berceo pasó aquí gran parte de su vida.

c) El pueblo era adoctrinado por los padres de la Iglesia.

d) Gonzalo de Berceo es el primero de nuestros poetas.

7 **Encierra entre paréntesis ( ) las proposiciones que conforman las siguientes oraciones compuestas e indica el tipo de relación que hay entre ellas.**

a) Los densos bosques que dan paso al río Najerilla se abren aquí en un valle.

b) Fue en este pequeño monasterio donde Gonzalo de Berceo pasó gran parte de su vida.

c) Gonzalo de Berceo adapta esas obras para que todos participen de su eficacia moral.

d) Se ha dicho que Berceo era un juglar a lo divino.

e) Aunque sus temas contenían la doctrina cristiana, su tono era diferente.

f) Uno de los monasterios se encuentra arriba; el otro se encuentra abajo.

8 En el texto se hace referencia a la cuaderna vía. Explica qué es.

9 ¿A qué rasgos propios del mester de clerecía se alude en el fragmento inicial? Explícalos.

10 ¿Qué poetas medievales, además de Berceo, conoces? Di el título de sus obras.

11 Realiza el análisis métrico de estos versos de la *Égloga III*, de Garcilaso de la Vega y completa la información del recuadro.

Cerca del Tajo, en soledad amena,
de verdes sauces hay una espesura
toda de hiedra revestida y llena,
que por el tronco va hasta el altura
y así la teje arriba y encadena
que el sol no halla paso a la verdura;
el agua baña el prado con sonido,
alegrando la vista y el oído.

- Esta estrofa consta de ____________ versos.
- Todos los versos son ____________________
- La rima es ____________________
- Se trata, por tanto, de ____________________
____

12 ¿Qué rasgos caracterizan el Renacimiento? ¿Cuáles se reflejan en el texto anterior?

13 Explica cuanto sepas acerca del teatro barroco (fórmula teatral, espacios de las representaciones, principales autores y obras).

OXFORD
UNIVERSITY PRESS

Parque Empresarial San Fernando, Edificio Atenas
28830 San Fernando de Henares (Madrid)

Oxford University Press es un departamento de la Universidad de Oxford. Como parte integrante de esta institución, apoya y promueve en todo el mundo sus objetivos de excelencia y rigor en la investigación, la erudición y la educación, mediante su actividad editorial en:

Oxford Nueva York
Auckland Ciudad del Cabo Dar es Salam Hong Kong
Karachi Kuala Lumpur Madrid Melbourne México D. F. Nairobi
Nueva Delhi Shanghai Taipei Toronto

Con oficinas en
Argentina Austria Brasil Chile Corea del Sur Francia Grecia
Guatemala Hungría Italia Japón Polonia Portugal República Checa
Singapur Suiza Tailandia Turquía Ucrania Vietnam

Oxford y Oxford English son marcas registradas de Oxford University Press.
Oxford EDUCACIÓN es una marca registrada en España por Oxford University Press España, S. A.

Material didáctico para la etapa de Educación Secundaria Obligatoria, tercer curso, para el área de Lengua castellana y Literatura, elaborado según el proyecto editorial de Oxford Educación, que ha sido debidamente supervisado y autorizado.

Publicado en España por Oxford University Press España, S. A.

ISBN: 84-673-1653-5
Depósito Legal: M-10119-2005
Impreso en España por Fernández Ciudad, S. L.
Catalina Suárez, 19
28007 Madrid

El uso de la tilde en este libro sigue las indicaciones señaladas por la RAE en su *Ortografía de la lengua española* (1999).

AUTORAS
M.ª Teresa Bouza Álvarez
Alicia Romeu Rodríguez

COORDINACIÓN DEL PROYECTO EDITORIAL
Laura Pérez Arnáez

COORDINACIÓN EDITORIAL
Concepción Pérez Galán

EDICIÓN
Deborah Averbuj
Natalia Hernández Gómez

CORRECCIÓN DE ESTILO
Alejandra Cid Salvachúa
José M.ª Sotillos Martín

COORDINACIÓN GRÁFICA
Purificación Fernández López

DISEÑO DE CUBIERTA
Gentil Andrade

DISEÑO DE INTERIORES
Dolors Albareda
Departamento de Diseño de Oxford Educación

MAQUETACIÓN
Patricia Graf Acuña
Departamento de Maquetación de Oxford Educación

DIRECCIÓN ARTÍSTICA
Pedro García

ILUSTRACIÓN
Javier Argul

FOTOGRAFÍAS
AGE Fotostock, Cordon Press

AGRADECIMIENTOS
Aguilar, Alfaguara, Anagrama, Bruguera, Castalia, Crítica, Destino, Edelvives, *El País Semanal, El País,* El País-Aguilar, Espasa Calpe, Hiperión, Biblioteca Virtual Cervantes (Instituto Cervantes), Juventud, *Muy Interesante,* Oxford Educación, Planeta & Oxford, Planeta, Plaza & Janés, Salamandra, Taurus, Visor, www.cervantesvirtual.com